PH

AW SGWC NEDD

*Gyda diolch
i
Bethan Wyn Jones
(cynhyrchydd ar y Radio Cymru gwreiddiol)
a
ysgogodd y gwersi hyn
ar gyfer rhaglenni ar y radio.*

Clywed Cynghanedd

Cwrs cerdd dafod

Myrddin ap Dafydd

Argraffiad cyntaf: Gŵyl Ddewi 1994
Argraffiad newydd: Mai 2003

© Gwasg Carreg Gwalch

*Ni chaniateir defnyddio unrhyw ran/rannau
o'r llyfr hwn mewn unrhyw fodd
(ar wahân at ddiben adolygu)
heb ganiatâd yr hawlfraint yn gyntaf.*

*Rhif Llyfr Safonol Rhyngwladol:
0-86381-823-4*

Clawr: Sian Parri

*Argraffwyd a chyhoeddwyd gan Wasg Carreg Gwalch,
12 Iard yr Orsaf, Llanrwst, Dyffryn Conwy, LL26 0EH.
☎ (01492) 642031   ▤ (01492) 641502
e-bost: llyfrau@carreg-gwalch.co.uk
lle ar y we: www.carreg-gwalch.co.uk*

Cyflwynedig i goffadwriaeth:

David Thomas
(awdur 'Y Cynganeddion Cymreig' a thaid Angharad)
a'm dysgodd drwy lyfr;

R.E. Jones, Llanrwst a Huw Selwyn Owen, Ysbyty Ifan
a'm dysgodd ar lafar;

Roy Stephens
a'm dysgodd sut i ddysgu.

DIOLCH

Daeth cymorth hawdd ei gael mewn sawl cyfyngder oddi wrth nifer o gyfeillion wrth baratoi'r gyfrol hon sy'n seiliedig ar gyfres o raglenni ar y Radio Cymru gwreiddiol, yn ôl ar ddechrau'r nawdegau. Diolch iddynt i gyd – yn arbennig i Bethan Wyn Jones, cynhyrchydd 'Clywed Cynghanedd' a'r un a gafodd y syniad gwreiddiol i roi gwersi cerdd dafod ar y radio, a hefyd i'r Prifeirdd Elwyn Edwards a Meirion MacIntyre Huws am fynd drwy'r gwaith gyda chrib fân a chynnig sawl awgrym gwerthfawr.

CYDNABYDDIAETH

Diolch i'r canlynol am fod mor barod i gytuno i'w gwaith gael ei atgynhyrchu yn y gyfrol hon:

- Dic Jones
- Y Parchedig Gwilym R. Tilsley
- Emyr Lewis
- Gwasg Gwynedd
  (am y dyfyniad o waith Ifor ap Glyn a Twm Morys yn *Pigion Talwrn y Beirdd*)

Cynnwys

Cyflwyniad 10
Gwers 1
    Llafariaid a chytseiniaid.. 14
    Sillafau 15
    W gytsain 16
    Cytseinedd 17
    Odl... 18
    Acen 18
    Odl lafarog... 20
    Odl cytsain ddwbl 20
    Odl rhwng deuseiniaid 20
    Y ddeusain wy 21
    Odlau eraill 21
    Proest.. 22
    Lleddf a Thalgron... 23
Gwers 2
    Yr orffwysfa a'r brifodl 26
    Rhy debyg 27
    Croes Gytbwys Acennog 28
    Gormod Odl.. 30
    Proest i'r Odl 30
    Y gytsain 'h' 32
    Crych a llyfn 36
Gwers 3
    N wreiddgoll ac n ganolgoll 38
    Ac a nac 39
    Cywasgu 39
    Traws Gytbwys Acennog 40
    Y Draws Fantach 41
    Twyll gynghanedd 42
    Camosodiad 43
    Ati i greu 44
Gwers 4
    Geiriau cytbwys diacen.. 47
    Rhy debyg 47
    Camacennu 48
    Crych a Llyfn 49

Ateb dwy gytsain gydag un	50
Croes Gytbwys Ddiacen	51
Traws Gytbwys Ddiacen	51
Llafariaid ar ddiwedd y goben	53
Cynghanedd lafarog	53
Ceseilio	55

Gwers 5

Cwpled	57
Ddoe a heddiw	58
Lleoliad yr orffwysfa	60
Crych a llyfn	63
Proest i'r odl mewn cynghanedd anghytbwys	63
Enwau lleoedd	64

Gwers 6

Y gynghanedd Lusg	67
Odl lafarog mewn Llusg	71
Y gynghanedd Lusg mewn cywydd	72
Odli cytseiniaid clwm	74
Llusg wyrdro	75
Y olau ac y dywyll	76
Odli y olau ac u	76
Trwm ac ysgafn mewn cynghanedd Lusg	76
Llusg Deirodl	77

Gwers 7

Y gynghanedd Sain	78
Sain Gytbwys Acennog	78
Sain o Gyswllt	81
Sain lafarog	82
Sain Gytbwys Ddiacen	83
Odl o Gyswllt	83
Acen y rhagodl a geiriau lluosill	84
Ailadrodd i greu odl	84
Sain Anghytbwys Ddisgynedig	85
Sain Anghytbwys Ddyrchafedig	86

Gwers 8

Sain o Gyswllt	92
Odl gudd mewn cynghanedd Lusg	93
Sain Gadwynog	94
Sain Drosgl	95

    Croes o Gyswllt 96
    Croes o Gyswllt Gymhleth 97
    Y gynghanedd Gysylltben 98
    Y gynghanedd Drychben 99

Gwers 9
    Englynion 102
    Englyn unodl union 103
    Paladr ac esgyll 103
    Toddaid byr 104
    Y gynghanedd Bengoll 106
    Sain Bengoll 109
    Y gair cyrch yn odli 110
    Crynhoi 111

Gwers 10
    Creu Englyn 114

Gwers 11
    Caledu cytseiniaid 122
    Eithrio rhag caledu 123
    Cynghanedd ewinog 124
    Meddalu'r gytsain 't' 126
    Seiniau tebyg 127

Gwers 12
    Penawdau papur newydd 130
    Y dudalen flaen 134
    Y tudalennau chwaraeon 133
    Creu cwpledi 135
    Dyfalu 137

Gwers 13
    Mesurau cerdd dafod 142
    Hanfod y brifodl 144
    Amrywio hyd llinellau o gynghanedd 145
    Mesurau sy'n seiliedig ar linellau unigol 146
    Mesurau sy'n seiliedig ar amrywiaeth o linellau
    a phatrymau odli gwahanol 150
    Mesurau sy'n gyfuniadau o fesurau eraill 153

Atodiad
Y Beiau Gwaharddedig 166
Atebion i'r Ymarferiadau 174

Cyflwyniad

Mae mwy na dim ond ystyr yn unig yn perthyn i eiriau — mae sain, acen a blas arbennig yn rhan annatod o bob gair ac mae cyfuniad addas ohonynt yn creu cynghanedd i'r glust yn ein hiaith bob dydd. Fel y mae 'na alaw mewn afon a miwsig mewn coed, mae cynghanedd yn perthyn i eiriau y tu allan i ffiniau barddoniaeth ymwybodol, ffurfiol yn ogystal. Does dim ond rhaid adrodd ychydig enwau lleoedd yn uchel i sylweddoli hynny: Llanllawen, Cwm Cywarch, Mynydd Melyn, afon Alaw a Llanfihangel Genau'r Glyn. Pan fyddwn ni'n sôn am gael **cinio cynnar**, am **brynu a gwerthu gwartheg**, am rywun sy'n **un gwirion yn ei gwrw**, yn codi llaw a chyfarch **hwrê rŵan!** neu'n sibrwd **wsti be yn ddistaw bach?** neu'n trafod y **diwrnod dyrnu** neu ofyn am **hanner o lager a leim**, rydan ni'n cynganeddu geiriau, heb sylweddoli weithiau ein bod yn gwneud hynny.

Yn yr ysgol, mewn ymryson neu dalwrn y beirdd neu wrth drafod cerdd y gadair, mae tuedd inni weithiau sôn am y gynghanedd a'r mesurau caeth a'r rheolau, sef **cerdd dafod** (cerdd = crefft), fel petai'r cyfan yn rhyw gyfrwng sydd wedi'i ddyfeisio. Rhyw fath o gêm gaeth gyda geiriau. Ond dydi hynny ddim yn wir — nid cael ei chreu a wnaeth y gynghanedd ond cael ei chanfod. Mae'n rhan gynhenid o'r iaith Gymraeg, yn perthyn i batrymau plethiad ein geiriau.

Mae hanes y Gymraeg — a hanes barddoniaeth yr iaith — yn cychwyn yn y chweched ganrif. Ond roedd y traddodiad eisoes yn hen bryd hynny — mae ysgolheigion yn dweud bod traddodiad Celtaidd o farddoni yn ymestyn o leiaf fil o flynyddoedd cyn hynny. Roedd gan y Celtiaid dynfa at addurniadau celfydd yn eu cerfluniau a'r un dychymyg oedd ar waith mewn barddoniaeth lafar Geltaidd. Yr un dychymyg sydd ar waith o hyd mewn barddoniaeth Gymraeg ddwy fil a hanner o flynyddoedd yn ddiweddarach. Roedd gan y Celtiaid dynfa at ddefnyddio geiriau yn greadigol yn ogystal, gyda phwyslais ar gadw'r cyfan ar gof. Oherwydd hynny, roedd elfennau'r gynghanedd yn ddefnyddiol

— yn driciau i gynorthwyo'r cof ac yn gyfrwng i greu patrymau melys i'r glust, gan gario'r geiriau drwy'r glust i'r galon.

Gall cynghanedd ddigwydd ar fympwy, yn ddamweiniol, fel y gwelsom uchod — ond nid pawb ohonom sy'n gallu clywed clec y gynghanedd honno. Mae'n rhaid meinhau'r glust — a gorau po feinaf. Yn raddol, drwy wahanol gyfnodau o ganu Cymraeg, datblygodd cerdd dafod yn gyfundrefn o reolau manwl ac, yn y dyddiau fu, roedd rhaid i feirdd fwrw prentisiaeth o naw mlynedd i ddysgu eu crefft. Yr hyn ddigwyddodd oedd bod gwahanol feirdd wedi sylwi ar y gynghanedd naturiol oedd yn digwydd mewn gwahanol glymiadau o eiriau ac wedi mynd i'r afael â hi oherwydd ei harddwch a'i hud. Aethant ati i wisgo pob math o ddilladau drud a thlysau crand am y prydferthwch naturiol hwn oedd yn yr iaith — ac, o nabod y beirdd, gellwch fentro iddynt fynd dros ben llestri ambell waith!

Ond, drwy hyn i gyd, ffurfiwyd system gaeth o gynganeddu geiriau a phedwar mesur ar hugain. Mae'n unigryw drwy'r byd i gyd. A'r rhyfeddod pennaf yw bod modd canu'n llyfn a syml ar gerdd dafod, er gwaetha'r holl rwystrau sydd ar y dechrau yn ymddangos yn ddychrynllyd o stiff ac anhyblyg. Lle bynnag y bo carchar, y mae hefyd dwll dianc.

Er bod y gynghanedd wedi'i fferru i raddau ers y bymthegfed ganrif, bu panel o dan adain Barddas, y Gymdeithas Gerdd Dafod yn trafod a diweddaru rhai o'r rheolau yn sgîl newidiadau a fu yn yr iaith lafar ers hynny. Os nad yw cynghanedd yn gweithio i'r glust, dydi hi ddim yn gweithio o gwbwl — felly, os bydd unrhyw amheuaeth yn codi, y glust piau'r gair olaf.

Ers talwm, roedd dysgu cerdd dafod yn golygu dysgu am ramadeg a natur yr iaith Gymraeg yn ogystal. Rhaid cynefino â'i geirfa, ei theithi, ei chystrawen a'i phriod-ddulliau. Heb feistrolaeth lawn ar yr iaith, ni ddaw neb i gynganeddu'n rhwydd iawn. Ond, ar y llaw arall, mae astudio'r gynghanedd yn gymorth i ddysgu llawer am yr iaith ei hun yn ogystal.

Y 'twll dianc' mwyaf sydd gan unrhyw un sydd am ei fynegi ei hun ar gynghanedd — neu unrhyw gyfrwng llenyddol arall, a dweud y gwir — yw geirfa. Mae geirfa helaeth yn hanfodol a rhaid i bawb sy'n ymarfer y grefft ddarllen yn gyson, geiriadura, clywed a chofnodi geiriau llafar a sylwi a gwrando ar yr iaith, a chael blas arni.

Mae'n bwysig nodi ar y dechrau fel hyn hefyd fod gwahaniaeth rhwng cynghanedd a barddoniaeth. Cledrau a lein y rheilffordd ydi'r gynghanedd — llwybr ar gyfer y meddwl, y synhwyrau a'r dychymyg. Ond y trên ei hun sy'n teithio ar y trac hwnnw yw'r farddoniaeth. Paratoi pridd yr iaith y mae cerdd dafod; yn yr hadau y mae'r farddoniaeth. Nid dysgu sut i farddoni a wna unrhyw un sy'n astudio'r gynghanedd, felly, ond dysgu am elfennau'r grefft — dysgu am y gwaith caib a rhaw.

Boed chwaraewr rygbi neu bysgotwr; boed saer coed neu saer geiriau, mae'n rhaid i bob dawn ddysgu hanfodion y grefft sy'n perthyn iddi yn gyntaf. Yn y Gymraeg, mae gennym ddau air cyfleus ym myd cerdd dafod sy'n gwahaniaethu rhwng y grefft a'r gelfyddyd. **Prydydd** yw'r un sydd wedi dysgu ei grefft, sef prydyddiaeth, ac yn medru ei thrin yn lân, yn gywir ei drawiad, yn daclus ei fynegiant a chofiadwy ei gân. Mae **bardd** ar y llaw arall wedi magu adenydd — mae wedi meistroli ei grefft i'r fath raddau fel nad ydym yn sylwi arni. Mae'n ein codi i'w entrychion ei hun — y maswr hwnnw sy'n rhedeg dros ddaear y cae yn hytrach nag arni fel pob chwaraewr cyffredin. Mae modd dysgu unrhyw un i fod yn brydydd, ond mae bardd yn cael ei awen o rywle arall.

Mae cynghanedd, er enghraifft, yn y llinell **Dydd Gwener a dydd Sadwrn** — cynghanedd wan fel te Tjeina, mae'n rhaid cyfaddef, ond mae'n un o'r posau llafar gwlad rheiny sy'n troi ymysg y rhai sy'n ymddiddori yn y grefft. O'r gorau, efallai bod cynghanedd ynddi, ond does yna affliw o ddim barddoniaeth ynddi. Ar y llaw arall, mae pennill o'r gân sobri honno sydd hefyd yn rhestru dyddiau'r wythnos yn llwyddo i ddod â rhywbeth ychwanegol i'r dweud wrth sôn am **Ddydd Llun, dydd Mawrth, dydd Mercher**. Mae adeiladu at uchafbwynt ynddi a chyflead o aruthredd y sbri. Er nad oes cynghanedd ynddi, mae modd dadlau bod yna farddoniaeth yn y llinell honno.

Digon am hynny. Canolbwyntio ar gyfansoddi llinellau o gynghanedd nid llinellau o farddoniaeth a wnawn ni yn y gwersi hyn. Gosod y traciau i lawr a chodi ambell steshon, gobeithio. Hei lwc na chawn ni hwyl hefyd ynghanol y llafur — a phwy a ŵyr na ddaw ambell drên heibio inni cyn inni orffen y gwaith.

Gwers 1

Beth ydi'r gwahaniaeth rhwng y papur arholiad Cymraeg a'r papur arholiad coginio? Yn y papur arholiad coginio, bydd y disgybl yn cael risêt sgon ac yna yn cael cyfle i wneud rhai; yn y papur Cymraeg, bydd disgybl yn cael llond platiad o Groes o Gyswllt Ewinog a Thraws Anghytbwys Ddisgynedig ac yn cael gorchymyn i'w dadansoddi. Creu â'ch llaw eich hunan yn y wers goginio ond studio sgons sydd wedi'u creu gan rywun arall yn y Gymraeg. Yn y gwersi hyn, fodd bynnag, bydd y pwyslais ar **lunio** llinellau, nid ar eu datod. Er hynny, yn naturiol, bydd dysgu llawer o dermau technegol ynglŷn â'r grefft yn hanfodol. Cystal inni gychwyn gyda rhai o'r rheiny.

LLAFARIAID A CHYTSEINIAID
Mae pedwar prif fath o gynghanedd — Croes, Traws, Sain a Llusg. Mae tair o'r cynganeddion hynny yn defnyddio elfen o gytseinedd (ailadrodd y cytseiniaid) a dwy yn defnyddio elfen o odl (ailadrodd y llafariaid/cytseiniaid). A dyma ddod at wŷr traed yr iaith, sef at y llythrennau sy'n rhannu yn ddau ddosbarth — cytseiniaid a llafariaid. Dyma gig a gwaed yr iaith — y cytseiniaid yw'r cnawd y medrwn ei deimlo ond y llafariaid yw'r gwaed sy'n rhoi bywyd i'r cyfan.

Y cytseiniaid Cymraeg yw:

b c ch d dd f ff g ng h j l ll m n p ph r rh s t th

Mae'n rhaid derbyn bod y **j** dramor mor Gymreig â jam mafon duon bellach. O safbwynt cytseinedd, sef ateb ei gilydd, mae **ff** a **ph** yr un sain yn gywir i'r glust, felly maent yn cyfateb ei gilydd o fewn rheolau'r gynghanedd yn ogystal.

YMARFERIAD 1
Enwch y cytseiniaid sydd yn y geiriau hyn:
a) cortyn   b) pwerus   c) corff   ch) dyddiadur   d) tanbaid

Y llafariaid pur yn y Gymraeg yw:

a e i o u w y

Un sain sydd gan bob llythyren yn y Gymraeg ar wahân i'r llafariad **y**:
1. **y olau** — a geir mewn geiriau fel dyn, llyn, sych, gwynt.
2. **y dywyll** — a geir mewn geiriau fel dynion, llynnoedd, sychu, gwyntoedd.

Erbyn heddiw, mae sain yr **y olau** a sain y llafariad **u** yr un fath â'i gilydd ac mae o fewn y rheolau iddynt gyfateb ei gilydd mewn odl.

Mae dau fath o lafariaid pur, sef rhai trwm (byr) fel:
    tal, camp, llon, llan, punt, fflach, cic, mam
a rhai ysgafn (hir)
    cân, môr, lôn, tâl, hen, tad, haf, gwag

YMARFERIAD 2
Ym mha rai o'r geiriau hyn y ceir llafariaid trwm ac ym mha rai y ceir llafariaid ysgafn?
a) trwm   b) clên   c) byd   ch) llef   d) car   dd) câr   e) llyn
f) punt

SILLAFAU
Siar-ad-wch fel Dal-ec ac fe fed-rwch gyf-ri sawl sill-af sydd mewn geir-iau. Uned o sŵn ydi sillaf. Gall sillaf fod mor fyr ag un llythyren yn unig e.e. **a, i, o** sy'n eirynnau unsill ar eu pennau eu hunain neu'n sillafau unigol mewn geiriau fel epa, stori, heno. Gall sillaf hefyd gynnwys pum neu chwe llythyren e.e. **stranc**, ond fel y gwelwch, rhaid cael o leiaf un llafariad i gynnal y sillaf. Mae rhai geiriau yn unsill:
    pâr; llyn; serch; bae; byw; clwyf
Mae geiriau eraill yn ddeusill:
    siar-ad; poen-i; byw-yd; clwyf-o; merch-ed
A cheir geiriau hwy na hynny hefyd. Geiriau lluosill yw'r rhain:
    am-aeth-ydd-iaeth; par-ad-wys; prof-ed-ig-aeth; at-gof-ion

YMARFERIAD 3
Faint o sillafau sydd yn y geiriau hyn:
a) gweledigaeth   b) pur   c) crechwen   ch) perfedd
d) tymheredd   dd) meddwdod   e) gwladwriaeth
f) marwnad   ff) enwau.

W GYTSAIN

Mae 'na ambell gymeriad sy'n rhy wahanol i ffitio i unrhyw ddosbarth yn daclus a rhyw gêsyn felly ydi'r llythyren 'w' yn y Gymraeg.

Mewn rhai geiriau, bydd yn ymddwyn fel llafariad ac yn cynnal sillaf gyfan ar ei phen ei hun

gwn, trwm, cwlwm, rŵan.

Mewn geiriau eraill bydd yn lled-lafariad, yn ymddwyn fel cytsain a llafariad i raddau — yn cynnal sillaf gyfan fel rhan o ddeusain ac eto'n cadw dipyn o gymeriad caled y cytseiniaid e.e. mae cyn gywired a chyn hawsed dweud

llaw y dyn a llaw'r dyn.

Ond y mae **w** hefyd yn ymddwyn fel cytsain, hynny yw, nid yw'n cynnal sillaf gyfan ond yn bodoli fel rhan o glymiad o gytseiniaid. Yn y gair **gwlad**, un sillaf sydd gennym — **gwlád**, nid dau gyda'r **w** yn creu sŵn tebyg i hyn — **gwl-ád**. Dyma'r **w** gytsain neu'r **w ansillafog**:

gwraidd, gwrando, gwledydd, gwneud, chwerwder, derwgoed

Ar lafar, mae **w** a **f** yn cyfnewid yn aml — **tywod** medd rhai, ond **tyfod** a ddwed eraill; **gwddf** yw'r ffurf lenyddol, ond **gwddw** yw'r ffurf lafar; **gorwedd/gorfadd** a **pythefnos/pythewnos** yr un modd ac mae **brecfast** yn troi'n **frecwast** yn y Gymraeg. Ar un adeg roedd geiriau fel **marw, garw, meddw, cwrw, twrw** ac ati yn cael eu hystyried yn unsill gan y beirdd am eu bod yn cyfri'r **w** fel cytsain yn y geiriau hynny. Erbyn heddiw, mae'r glust yn dweud wrthym mai geiriau deusill ydynt ac ae rheolau cerdd dafod yn derbyn hynny bellach.

CYTSEINEDD

Nodwyd eisoes bod cytseinedd yn un nodwedd o'r gynghanedd. Hanfod cytseinedd yw bod yr un cytseiniaid yn cael eu hailadrodd o fewn yr un linell. Mae hyn yn digwydd yn achlysurol mewn canu rhydd yn ogystal, wrth gwrs, ac mae defnydd helaeth o hynny i'w glywed mewn canu roc a chanu cyfoes Cymraeg y dyddiau hyn. Gwrandewch ar y rhain:

Mae llais y lli mor las â Lapis Lazwli (Meic Stevens)
Gwenan yn y Gwenith (Beganîfs)
Mardi-gras ym Mangor Ucha (Sobin a'r Smaeliaid)
Yn Santiago yn saith-deg-tri (Dafydd Iwan)

Gwrandewch ar effaith y gytseinedd ym mhennill cân Victor Chara gan Dafydd Iwan — Santiago, saith-deg-tri, stadiwm, Santiago, saith-deg-tri. Yna, o fewn llinellau'r cytgan — canodd ei **gân** . . . heriodd y **gynn**au â'i **g**itâr . . . Mae'r patrymau sain yn gweu drwy'i gilydd, yn cynnal acenion y llinellau, yn apelio at y glust ac yn dod â'r neges adref i'r galon.

Mae'n hiaith bob dydd yn frith o enghreifftiau o gytseinedd —
**lle llawn; bara beunyddiol; yn fân ac yn fuan;
chwinciad chwannen.**

Mewn prydyddiaeth, mae ailadrodd sŵn tebyg yn gymorth ac yn ganllaw i'r cof, ond gall hefyd roi naws a chynorthwyo i gyfleu ystyr y gerdd. Yn ei emyn mawr, mae Lewis Valentine yn sôn am **crindir cras** ac mae'r gytseinedd **cr/cr** yn crafu'r gwddw wrth ei chanu. Pan ddywed R. Williams Parry am lygaid Hedd Wyn, **y llygaid na all agor**, mae'r gytseinedd yn llusgo'r sain ac yn cyfleu rhyw lonyddwch mawr.

YMARFERIAD 4

Mae cyfuniadau cyffredin i'r geiriau a ganlyn yn creu cytseinedd ar lafar. Fedrwch chi lenwi'r bylchau?
a) cig........ b) fan........ c) Cofis........ ch) cawl........
d) bys........ dd) gwallt........ e) parti........ f) mis........
ff) mynydd........ g) ffa........

ODL

Dull arall o apelio at y glust yw creu odl. Mae odl gyflawn yn digwydd pan fo llafariaid a chytseiniaid olaf gair yr un fath:
  cath/math; mafon/duon; pren/llen; sterics/brics

Rhaid i'r llafariaid fod yr un pwysau â'i gilydd. Rydym eisoes yn gyfarwydd â llafariaid trwm ac ysgafn ac nid yw'r naill yn medru odli â'r llall. Mae **cân** a **tân** yn odli, felly hefyd **brân, ar wahân, glân, mân**. Ond nid ydynt yn odli â **gwan, glan, man, llan** nac **All Bran**. Byddai hynny'n chwithig i'r glust ac yn euog o'r bai trwm ac ysgafn. Mae **cân** yn ysgafn ac **All Bran** yn drwm. Peidiwch â'u cymysgu!

Mae odli yn apelio atom o oedran cynnar iawn. Bydd plant mân wrth eu boddau gydag unrhyw hwiangerdd lle bydd yna chwarae amlwg ar seiniau cyfarwydd. Mae pob Jac y Do/ho, ho, ho yn denu ymateb y glust heb unrhyw drafferth.

Ymhen amser, mae'n clustiau yn meinhau a gallwn werthfawrogi odl gynilach sef odl rhwng dau air deusill neu luosill. Mae'r hen benillion telyn yn llawn odlau o'r fath:

> Hiraeth mawr a hiraeth creul**on**,
> Hiraeth sydd yn torri 'nghal**on**;
> Pan fwyf dryma'r nos yn cysg**u**,
> Fe ddaw hiraeth ac a'm deffr**y**.

ACEN

Y rheswm pam fod Jac y Do/ho, ho, ho yn odl amlycach i'r glust na cysgu/deffry yw fod Do/ho yn sillafau acennog. Y pwyslais y mae siaradwr yn ei roi ar air unsill neu ar un sillaf mewn gair o fwy nag un sillaf yw acen. Mae'r acen yn disgyn yn naturiol ar y rhan fwyaf o eiriau unsill ond ceir rhai eithriadau — geirynnau gwan fel y, fy, dy, ei, a, ac a.y.b. Mewn geiriau o fwy nag un sillaf, mae'r acen fel arfer yn y Gymraeg yn disgyn ar lafariaid y sillaf olaf ond un, sef y **goben**:

  c**An**-u; car-**Ed**-ig; cyt-**Un**-o; d**IW**-edd

Ond oes, mae rhai eithriadau debyg iawn. Mae rhai geiriau deusill a lluosill yn diweddu gyda sillaf acennog:
 isel-**hau**; Cym-**raeg**; can-gar-**ŵ**; par-**had**
Eithriadau ydynt — unwaith eto, gwrandewch ar y glust.

Wrth gael ein cyflwyno i'r acen, rydym yn cyrraedd at galon y gynghanedd ei hun. Addurno a thynnu sylw at acenion llinell drwy gyfrwng odl a chytseinedd yw hanfod cerdd dafod — mae adnabod a chlywed yr acen yn hanfodol ac unwaith y bydd rhywun wedi meistroli hynny, bydd popeth arall yn disgyn i'w le.

YMARFERIAD 5
Faint o eiriau a fedrwch eu canfod sy'n odli'n acennog â'r canlynol?
a) ton   b) Toblyrôn   c) Timbyctŵ   ch) trên   d) pren
dd) cic   e) te

Weithiau bydd sillaf ddiacen yn odli â sillaf acennog mewn mesur. Gall ddigwydd mewn triban:
 Mi weddïa beunydd
 Ar roddi i chwi lawenydd,
 I droi ych tir i ddodi **had**
 Yn rhwydd o'ch **arad** newydd.
ac mae'n digwydd ym mhob cwpled cywydd:
 Y bore mi a ba**rwn**
 dorri 'ngwallt fel godrau '**ngŵn**
 ac esgid mi a'i gwis**gwn**
 un big ag aderyn y b**wn**.

Dyfyniad o gywydd Dafydd Nanmor yn sôn amdano'i hun yn ymdrwsio mewn dillad ffansi i fynd â'i gariad i'r ffair yw'r pedair llinell uchod ac mae'n anarferol am fod y ddau gwpled yn dilyn ei gilydd ar yr un odl. Ond mae'n werth sylwi ar rywbeth arall hefyd. Mae **barwn/gwisgwn** yn odli, tydi **'ngŵn/bwn** ddim yn odli (trwm ac ysgafn). Serch hynny, gall **ngŵn** odli â **barwn** a **gwisgwn** a gall **bwn** wneud yr un modd. Nid yw'r bai trwm ac ysgafn yn bodoli mewn odl rhwng sillaf ddiacen a sillaf acennog.

YMARFERIAD 6
Ble mae'r acen yn disgyn yn y geiriau hyn:
a) cymharu   b) meddwol   c) swyddfeydd   ch) cynghorion
d) ogofâu   dd) atebion.

YMARFERIAD 7
Chwiliwch am eiriau diacen sy'n odli â'r geiriau yn 5.

ODL LAFAROG
Mae modd cael, fel y cofiwch eto ers dyddiau'r hen Jac y Do, odl nad yw'n dibynnu ar ddim ond ateb yr un llafariad: Do/to/llo/bro/ffo/tro/dominô. **Odl lafarog** yw'r term ar honno.

ODL CYTSAIN DDWBL
Er mwyn cael odl gyflawn, rhaid ateb cytsain ddwbl ar ddiwedd gair — mae **pant** a **sant** yn odli ond nid yw **llan** yn odli am nad yw'r t olaf yn cael ei hateb. Unwaith eto, bydd synnwyr y clyw yn rhoi golau coch i unrhyw ymgais at wneud hynny.

ODL RHWNG DEUSEINIAID
Weithiau bydd dwy lafariad seml yn uno â'i gilydd i greu un sain fel **ae** yn ll**ae**s neu **oe** yn cr**oe**n. Y term am ddwy lafariad glwm fel hyn yw deusain. Fel gyda chytseiniaid dwbl, rhaid ateb deusain gyda deusain gyflawn fel rheol.

mae/gwae; nefoedd/ydoedd; gwneud/dweud

Ond mae rhai eithriadau — gellir odli gair fel gweith**i**wr gyda gŵr a gair fel poer**i**ad gyda gwlad. O'u dweud yn uchel, nid oes dim trafferth.

Y DDEUSAIN WY
Mae modd ynganu **wy** mewn dwy ffordd — **wy** fel yn m**wy**n, ac **wy** fel yn g**wy**n. Mae'n ddwy sain hollol wahanol ac mae'n amhosibl eu hodli — mae'r glust yn eu gwrthod bob gafael. Pan fyddant yn digwydd mewn sillafau diacen, mae angen clust fain iawn weithiau i wahaniaethu rhyngddynt. A yw cych**wy**n yn odli gyda m**wy**n yntau â g**wy**n? Un ffordd o ateb cwestiwn o'r fath yw symud yr acen

yn y gair fel ei fod yn disgyn ar y sillaf o dan amheuaeth — e.e. cychwyn > cychwynnaf. Mae'r acen yn dod â'r sain yn eglurach ac rydym yn sylweddoli mai odli â gwyn y mae. Os yw'r benbleth yn parhau, yr unig ffordd bendant o dorri'r ddadl yw cael gafael ar *Yr Odliadur* gan y diweddar Roy Stephens.

YMARFERIAD 8

Lluniwch odlau cyflawn i ateb y cytseiniaid dwbl a'r deuseiniaid yn y geiriau hyn:
a) punt   b) cadarnhau   c) rhwydd   ch) anifeiliaid
d) gwallt   dd) paent

YMARFERIAD 9

Pa rai o'r geirau hyn sy'n odli â gwŷr?
a) awyr   b) synnwyr   c) trylwyr   ch) gwewyr   d) gorwyr

YMARFERIAD 10

Pa rai o'r geiriau hyn sy'n odli â mwyn?
a) olwyn   b) erchwyn   c) morwyn   ch) enwyn   d) stalwyn

ODLAU ERAILL

Nid oes raid i odlau ddigwydd rhwng diwedd llinellau yn unig.

> Mi af oddi yma i'r Hafod L**om**
> Er ei bod hi'n dr**om** o siwrne'

Odl gyrch yw'r term ar odl o'r fath ac yn y mesurau caeth mae'n digwydd yn y toddaid hir. Dyma un i Dafydd Iwan:

> a'i waed coch a'i lygaid cau — a'i ddawn br**in**
> yn codi'i wer**in** i ben cadeiriau.

Ceir **odl fewnol** o fewn yr un linell. Dyma enghreifftiau o'r hen ganu cynharaf yn yr iaith:

> Gwŷr a **aeth** Gatr**aeth** oedd ffr**aeth** eu llu.
> Ac wedi el**wch**, tawel**wch** fu.

Ac yn llinell anfarwol Dafydd ap Gwilym i'r llwynog:

> Llewp**art** â d**art** yn ei dîn.

Mae llawer o hwyl i'w gael wrth odli — ac mae **odlau dwbwl** yn sbort ynddynt eu hunain. Mae'r rheiny i'w gweld yn aml mewn limrigau. Meddyliwch am bosibiliadau cyfuniadau tebyg i **Neli/Pwllheli/jeli** neu **Wili/Rhosili/sili**.

Yn ogystal ag odlau amlwg, swnllyd fel yr odl ddwbwl, ceir odlau tawelach, cynilach. Mewn un math o odl, gellir ateb y llafariaid neu'r deuseiniaid ond hepgor ateb y cytseiniaid a ddaw ar eu holau:

Jim Cro Crystyn, wan, tŵ, ffôr
A'r mochyn bach yn eistedd mor ddel ar y stôl.

Nid yw'r **r** a'r **l** ar ddiwedd yr odl yn cyfateb — **lled-odl** neu **odl Wyddelig** yw'r term am y sain hwn. Mae'n digwydd mewn caneuon gwerin, yn yr hen ganu cynnar — a hefyd yn y canu roc diweddaraf yn yr iaith.

PROEST

Odl o fath arall yw'r hyn a elwir yn broest. Mewn proest cyffredin, dim ond y **cytseiniaid** ar ddiwedd y sillafau fydd yn cyfateb ei gilydd yn hytrach na'r **cytseiniaid** a'r **llafariaid** fel mewn odl gyffredin. Er hynny, er mwyn proestio'n gywir, rhaid i'r llafariaid a'r deuseiniaid yn y sillafau hynny fod o'r un pwysau ac yn hannu o'r un dosbarth. Mae'n amhosib cael proest lle mae 'na lafariad drom yn ateb un ysgafn.

Ond fel gyda phopeth arall, does dim byd byth mor gymhleth â'r disgrifiad ohono. Mae 'na enghraifft dda o broest sy'n gyfarwydd i bawb.

"Wel!"
meddai Wil
wrth y wal.

Mae wel, Wil, wal yn gorffen gyda'r un gytsain — l. Mae'r tri gair yn cynnwys y sillafau sydd o'r un pwysau â'i gilydd. Maen nhw i gyd yn fyr, yn drwm, felly mae'r tri gair yn proestio.

Fyddai "pêl" daflodd Wil at y wal ddim yn proestio oherwydd mai llafariad ysgafn sydd yn **pêl**.

Mae **hen** a **gwên** yn odli ac mae'r ddau air yn proestio gyda **cân, dyn, sŵn, tôn, min** ac **un** am fod y llafariaid o'r un pwysau a'r geiriau i gyd yn gorffen gyda'r un gytsain.

Nid yw **hen** a **pren** yn odli — mae'r naill yn ysgafn a'r llall yn drwm ac felly nid yw **hen** yn proestio gyda **llan, gwyn, pwn, ffon** na **prin**, ond mae **pren** yn gwneud hynny.

Yn yr un modd mae'n bosibl cael odl lafarog, mae'n bosibl cael proest llafarog.

Mae **bro** a **to** yn odli ac mae'r llafariaid yn ysgafn. Mae **bro** a **to** felly yn proestio gyda **da, ci, te, du, tŷ, sŵ**.

Dyna broest syml, ond mae proest yn digwydd os yw deuseiniaid y sillafau yn ateb ei gilydd yn ogystal. Mae'r cawl yn twchu yn awr ac mae arna'i ofn y bydd rhaid troi yn ôl yn aml at y tudalennau hyn i gael y pwnc yn hollol glir.

LLEDDF A THALGRON

Deuseiniaid, fel y cofiwch chi, ydi dwy lafariad yn creu un sain gyfun fel **ae** yn c**ae** ac **wy** yn m**wy**. Mae dau fath o ddeuseiniaid — rhai **lleddf** a rhai **talgron**.

Mae deusain dalgron yn cynnwys **i** neu **w** fel elfen gyntaf, ond gyda'r prif bwyslais ar y llafariad a ddaw fel ail elfen y ddeusain. Hynny yw:

    ia fel yn car**ia**d
    io fel yn cerf**io**
    ie fel yn col**ie**r
    iw fel yn cerf**iw**r
    iy fel yn fal**iy**m

a hefyd

    wa fel yn g**wa**n
    we fel yn g**we**ld
    wi fel yn g**wi**n
    wy fel yn g**wy**̂r neu g**wy**n
    wo fel yn g**we**dd**wo**n

Mae deusain dalgron yn odli gyda llafariad seml e.e. mae gwlad yn odli â cariad; mae **gwŷr** a **Llŷr** yn odli. Yn yr un modd, mae'r deuseiniaid talgron yn **proestio** gyda sillafau sy'n cynnwys llafariaid seml:

gwas/nes
creithiog/golwg

Mae deuseiniaid talgron hefyd, wrth gwrs, yn proestio â'i gilydd:

gweithiwr/marwor

Unwaith eto, mae modd cael proest llafarog rhwng deuseiniaid talgron â'i gilydd neu rhwng deusain dalgron a llafariad seml pan nad yw'r geiriau'n diweddu â chytseiniaid e.e.

gwe/to/holi/heddiw/herwa/tŷ

Mae'r deuseiniaid lleddf yn cael eu rhannu'n dri dosbarth.

Dosbarth 1

aw fel yn si**aw**ns
ew fel yn ll**ew**
iw fel yn ff**iw**s
ow fel yn b**ow**ns
yw fel yn b**yw**
uw fel yn b**uw**ch

I ffurfio proest llawn, rhaid i'r deuseiniaid hyn fod yn cyfateb deuseiniaid lleddf o'r un dosbarth. Mae **tew** a **byw** yn proestio (proest llafarog fel mae'n digwydd) a cheir proest hefyd rhwng **llawn** a **mewn; dewr** ac **awr.**

Pa eiriau sy'n proestio gyda **cawl**?

Dosbarth 2

ae fel yn p**ae**nt
oe fel yn cr**oe**n
wy fel yn c**wy**n
ei fel yn p**ei**nt
ai fel yn p**ai**s
oi fel yn tr**oi**

Mae'n rhaid i'r rhain eto ateb rhai o'r un dosbarth er mwyn proestio'n gywir: **chwarae/ŵy; ceir/gair.**

Dosbarth 3
>   **au** fel yn p**au**n
>   **eu** fel yn gw**eu**
>   **ou** fel yn ymharh**ou**s
>   **ey** fel yn t**ey**rn

Gyda datblygiad yr iaith, ffurfiwyd deuseiniaid newydd — aeth tëyrn yn teyrn; cywasgodd ymarhöus yn ymarhous. Mae'r deuseiniaid hyn eto yn proestio â rhai o'r un dosbarth â hwy eu hunain — **parhau/creu**. Unwaith eto, dyna enghraifft o broest llafarog rhwng deuseiniaid lleddf o'r un dosbarth.

Gyda chymaint o reolau a dosbarthiadau ac is-ddosbarthiadau, mae rhywun yn gofyn 'Pam trafferthu proestio o gwbl — mae odl yn llawer haws!' Efallai fod hynny'n wir — ond dyma un cysur, beth bynnag. Wrth gynganeddu, y gamp yn aml yw **peidio** â phroestio, yn hytrach na llwyddo i wneud hynny. Down at hynny yn y bennod nesaf.

YMARFERIAD 11
Mae dau o bob tri gair yn proestio. Pa un yw'r drwg yn y caws?

a)	*i) mêl*	*ii) hil*	*iii) tal*
b)	*i) merch*	*ii) car*	*iii) twrch*
c)	*i) braw*	*ii) tew*	*iii) clai*
ch)	*i) tei*	*ii) tŷ*	*iii) te*
d)	*i) cyrraedd*	*ii) hawdd*	*iii) mynyddoedd*

Gwers 2

Yn y wers flaenorol, rydym wedi dysgu bod gair fel **merch** yn air unsill, yn air acennog a'i fod yn **odli** â geiriau acennog eraill megis
serch ac **erch**
heb anghofio geiriau diacen fel
annerch, priodasferch, llannerch.
Gwyddom bellach fod **merch** hefyd yn **proestio** gyda geiriau fel
parch, torch, cyrch, twrch a **march**.

YMARFERIAD 1

Mae un o bob rhestr yn proestio â'r gair cyntaf. Pa un?
CŴN   *a) cic   b) cwys   c) cylch   ch) cain   d) cân*
LLI   *a) llaw   b) llong   c) llo   ch) lleidr   d) llên*
POER   *a) past   b) pur   c) pair   ch) pinc   d) powdr*

O'r diwedd, rydan ni'n barod i **gynganeddu** â **merch**! Er mwyn dysgu'r egwyddor sylfaenol, byddai'n syniad da inni ddefnyddio'r gair fel un o brif acenion y gynghanedd. Mewn cynghanedd Groes a chynghanedd Draws, mae dwy brifacen mewn llinell — un yng nghanol y llinell a'r llall ar ei diwedd. Gadewch inni ystyried y llinell a ganlyn o farwnad Gruffudd ab Ieuan i Tudur Aled, pan fo'n rhestru hoff destunau'r cywyddwr hwnnw:

merch a gwalch a march a gŵr

YR ORFFWYSFA A'R BRIFODL

Ydi, mae'r gair **merch** yn cael ei gynganeddu yn y llinell, ond nid oes yr un o brifacenion y llinell yn disgyn ar y gair. Mae'r acenion ar y geiriau **gwalch** a **gŵr** yn y llinell hon. Dywedwch y llinell yn uchel: "merch a gwalch [saib] a march a gŵr." Mae'r llinell yn rhannu'n naturiol yn ddwy ran yn tydi? Dyna **rythm** naturiol y llinell. Er mwyn hwylustod eto, mi ddefnyddiwn yr enwau swyddogol ar y prifacenion hyn — yr enw ar y brifacen gyntaf [gwalch] yw'r **orffwysfa**, gan ein bod, wrth ei dweud, yn gorffwys yno am ychydig, a'r enw ar yr ail brifacen [gŵr] yw'r **brifodl** gan fod sillaf olaf y gair hwnnw, fel rheol, yn odli gyda sillafau olaf llinellau eraill sy'n perthyn i'r un mesur.

Mae'r acen bob amser yn disgyn ar y llafariaid neu'r deuseiniaid yn yr orffwysfa a'r brifacen:

gwAlch   gŴr

Beth fedrwn ni ei ddweud am y ddwy brifacen hon? Tydyn nhw ddim yn odli — nac ydyn. Tydyn nhw ddim yn proestio — na, tydi -alch/-ŵr ddim yn gyfuniad sy'n proestio. Ond mae'r ddau air yn unsill ac yn acennog. Ydyn, maen nhw'n gyfartal, yn gytbwys o ran aceniad y geiriau ac mae yna derm ar hynny hefyd — maen nhw'n **gytbwys acennog**. Maen nhw hefyd yn cychwyn â'r un gytsain: gwalch/gŵr. Maen nhw'n cytseinio — ond yn fwy na hynny, gan nad ydyn nhw'n odli nac yn proestio, maen nhw'n **cynganeddu**.

Mae **gwalch** yn cytseinio â **golch**, ond mae hefyd yn proestio â hwnnw. Oherwydd hynny nid oes cynghanedd rhyngddynt.

Mae **gwalch** yn cytseinio â (llwyth o) **galch**, ond mae'n odli â'r gair hwnnw yn ogystal ac nid oes cynghanedd yma chwaith.

Er mwyn cael cynghanedd rhwng yr orffwysfa a'r brifodl felly, mae'r un cytseiniaid yn cael eu hailadrodd o flaen yr acenion, ond mae'r llythrennau ar ôl yr acenion yn gwahaniaethu — dydyn nhw ddim yn odli nac yn proestio. Sŵn tebyg o flaen yr acen a sŵn gwahanol ar ôl yr acen — o dan yr amodau hynny y gallwn greu cynghanedd sy'n gytbwys acennog.

RHY DEBYG

Gadewch i ni edrych ar y geiriau hyn:

gŵr, gŵn, yn ei **gwsg**.

Does yr un ohonynt yn odli nac yn proestio â'i gilydd ond mae'r sain ŵ yn hyglyw iawn gan fod yr acen yn disgyn arni bob gafael. Ni fyddai'n beth doeth defnyddio dau o'r geiriau hyn i ateb ei gilydd fel gorffwysfa. Nid yw hyn yn fai mewn geiriau cytbwys acennog ond y duedd yw ceisio eu hosgoi erbyn heddiw.

YMARFERIAD 2

Mae un o bob rhestr yn rhy debyg i'r llafariaid yn y gair cyntaf. Pa un?

TAIL a) *taith* b) *tân* c) *taer* ch) *tap* d) *tei*
RHWYD a) *rhew* b) *rhwd* c) *rhyd* ch) *rhwyf* d) *rhyg*
CLOCH a) *clywch* b) *clai* c) *clo* ch) *clic* d) *clwt*

I grynhoi, rydan ni'n chwilio am eiriau sy'n cytseinio ond heb fod yn proestio, odli nac yn meddu ar sain sy'n rhy debyg er mwyn cael gorffwysfa a phrifacen i linell o gynghanedd gytbwys acennog. Dyna ni'n gwybod bellach be **na** fedrwn ei wneud — gadewch inni weld beth sy'n **bosib** i'w wneud yn awr.

Awn yn ôl at y gair **merch**.
Beth sy'n cynganeddu yn gytbwys acennog gyda
　　　　　　　　m:Erch?
Mae digon o ddewis, debyg iawn:
　　　　m:Ab; **m**:Ôr; **m**:Wd; **m**:AWr; **M**:AI

YMARFERIAD 3

Pa eiriau sy'n cynganeddu'n gytbwys acennog gyda'r geiriau hyn?

　　　bwyd; cnoi; briw; doeth; gwddf; ffaith; swyn

CROES GYTBWYS ACENNOG

Wrth lunio llinellau o gynghanedd, byddwn yn cadw at linellau seithsill yn y gwersi hyn. Dyna'r hyd mwyaf cyffredin i gynganeddion mewn mesurau fel yr englyn a'r cywydd. Mewn gwirionedd, dynwared llinellau sydd wedi'u creu o'n blaenau yw hanfod cerdd dafod — dynwared hyd y llinellau, dynwared aceniad a rhythm y llinellau a dynwared cyngheddiad y llinellau hynny. Ond o fewn y patrwm hwnnw o ddynwared, mae lle i wreiddioldeb a gweledigaeth newydd yn ogystal.

Gadewch inni droi'n ôl at linell Gruffudd ab Ieuan i Tudur Aled. Mae honno'n un weddol hawdd i'w dynwared gan mai dim ond rhestr o eiriau unsill ydyw:

merch a gwalch a march a gŵr.

Saith sillaf, gyda'r llinell yn rhannu'n ddwy ar ôl **gwalch**:

merch a g:**WAL**ch/a march a g:**Ŵ**r

Mae'r prifacenion — yr orffwysfa a'r brifodl — wedi'u nodi â llythrennau breision.

Sylwch ar batrwm y cytseiniaid o flaen y prifacenion:

merch a g:**WAL**ch/a march a g:**Ŵ**r
m rch   g: (ch)/ m rch   g: (r)

Mae'r **holl** gytseiniaid yn y rhan gyntaf yn cael eu hateb yn yr **un drefn** yn yr ail ran. Mae'r un patrwm o gytseinedd yn cael ei gario yn groes i'r orffwysfa ac yn cael ei ailadrodd o flaen y brifodl. Yr enw ar gynghanedd o'r fath yw cynghanedd Groes, a'r enw llawn ar y math arbennig hwn — oherwydd bod y ddwy acen yn gytbwys ac yn acennog yw cynghanedd **Groes Gytbwys Acennog**. Dyna'r egwyddor felly — yr un patrwm o gytseinedd o **flaen** yr acenion, ond patrwm gwahanol o seiniau ar **ôl** yr acenion, h.y. dim odl na dim proest.

Awn ati i greu llinellau ein hunain. Mae'r gair **merch** gennym fel un brifacen a gallwn ddewis gair arall o'r rhestr ar gyfer yr ail brifacen. Beth am drïo rhywbeth fel hyn?

...............merch/...............mawn

Os am ddynwared y llinell goffa i Tudur Aled, gallwn ychwanegu'r geirynnau hyn:

...............a merch/a...............a mawn

Tydi hi ddim o bwys am synnwyr (ar hyn o bryd!). Cael y sŵn yn gywir sy'n bwysig. Beth am geisio ateb y rhan gyntaf a ganlyn:

gŵr a merch/a .... a mawn

Beth sy'n rhaid ei ateb? Wel, mae **merch** a **mawn** yn cydbwyso ac yn ateb ei gilydd yn gynganeddol yn barod, felly dim ond y cytseiniaid yn **gŵr** sydd rhaid eu hateb, sef **g** ac **r**. Rhaid eu hateb yn yr un drefn, debyg iawn, e.e.

gŵr a merch/a gwair a mawn
gŵr a merch/a gro a mawn

> gŵr a merch/a gyrr a mawn
> gŵr a merch/a gair a mawn

Does dim rhaid cadw at eiriau unsill — mae modd cael hyd i eiriau deusill neu luosill i lenwi'r bwlch yn ogystal, gan newid y brifodl fel bo'r angen e.e.

> gŵr a merch/a gwario mawr
> gŵr a merch/gwiwer a mes
> gŵr a merch/a geiriau mud

Mae'r **g** a'r **r** yn cael eu hailadrodd o flaen yr **m** yn yr ail ran bob tro gan greu cynghanedd lwyddiannus bob tro. Ystyriwch air arall ar gyfer dechrau'r rhan gyntaf:

> dyn a merch/a .... a mawn

GORMOD ODL

Beth sy'n addas i lenwi'r bwlch?

> dyn a merch/a dawn a mawn

Ydi, mae'r cytseiniaid **d** ac **n** yn cael eu hateb y tro hwn. Ond dywedwch y llinell yn uchel. ...d**AWN** a m**AWN**. Mae **dawn** yn sillaf acennog oddi mewn i'r llinell ac mae'n odli â'r brifodl. Mae 'na ormod o sŵn i'r llinell oherwydd hynny ac mae'n tynnu oddi wrth y gynghanedd yn lle ychwanegu ati. Yr enw ar y bai hwn ydi **gormod odl**.

PROEST I'R ODL

O ran diddordeb, pe bai gennym linell fel hon:

> dyn a merch/a dawn a march

byddai'n gywir o safbwynt y bai gormod odl, ond sylwch ar y prifacenion. Mae **merch/march** yn proestio a'r term ar y bai hwnnw mewn cynghanedd yw **proest i'r odl**.

Gadewch inni droi at linell arall sy'n Groes Gytbwys Acennog ond yn cynnig patrwm geiriau gwahanol i ni geisio'u dynwared. Dyma un gan Dafydd ap Gwilym, pan yw'n sôn am Morfudd, un o'i gariadon:

> oeddwn gynt iddi yn gaeth

Gadewch inni weld yr hyn sydd gennym:

oeddwn g:**Y**nt/iddi yn g:**AE**th
dd n g: (nt)/dd   n g: (th)

Mae'r orffwysfa yn disgyn ar **gynt**, y brifodl ar **gaeth**. Mae'r cytseiniaid **dd, n, g** o flaen yr acen yn rhan gyntaf y llinell ac mae'r un cytseiniad yn yr un drefn o flaen yr acen yn yr ail ran. Y gwahaniaeth yn y patrwm geiriau yw bod y cytseiniaid yn **oeddwn** yn cael eu hateb gan gytseiniaid mewn dau air, **iddi yn**. Nid yw hynny o ddim bwys o safbwynt y gynghanedd. A dweud y gwir, mae'n ychwanegu at rythm y llinell.

Beth am newid y brifodl? A fedrwch gynnig geiriau eraill i lenwi'r bwlch?

oeddwn gynt/iddi yn ....

Beth am y rhain:

oeddwn gynt/iddi yn gâr
oeddwn gynt/iddi yn gân
oeddwn gynt/iddi yn giwt
oeddwn gynt/iddi yn gyw

Mae llawer mwy — daliwch i ychwanegu at y rhestr. Beth am newid yr orffwysfa yn ogystal â'r brifodl y tro hwn:

oeddwn ddoe/iddi yn ....

Pa eiriau sy'n cael eu galw gan ofynion y gynghanedd hon?

oeddwn ddoe/iddi yn ddyn
oeddwn ddoe/iddi yn ddawns
oeddwn ddoe/iddi yn dduw
oeddwn ddoe/iddi yn ddall

YMARFERIAD 4

Gorffennwch y cynganeddion Croes Cytbwys Acennog hyn drwy lenwi'r bylchau:

a) *llan a thref a* .... *a thraeth*

b) *gwin a chig a* .... *a cherdd*

c) *bwch a niwl a buwch a* ....

ch) siôl a .... a sêl a ffridd

Mae'n amser camu ymlaen a dod ag elfen newydd i mewn i'r wers yn awr. Dyma linell gan Guto'r Glyn yn canmol tŷ hardd ei noddwr:

neuadd hir newydd yw hon

Gallwn ddadelfennu hon yn ddigon didrafferth bellach:

neuadd h:**Ir**/newydd yw h:**On**
n   dd h:(r)/n   dd   h: (n)

Beth am dynnu'r gair **hir** o'r orffwysfa. Fedrwch chi gynnig geiriau yn ei le? Oes, mae ambell un yn cynnig ei hun — **hardd, hoff** ac ambell un diystyr, eto ta waeth am hynny ar hyn o bryd: **hen, hyll, hallt, hurt** ac ati.

Y GYTSAIN 'H'

Gwrandewch ar sain yr **hir** a'r **hon**. Sŵn ysgafn iawn sydd gan yr **h** — rhyw anadliad caled ydyw a dweud y gwir, ac nid cytsain sy'n clecian ar eich tafod neu yn erbyn eich danndedd. Oherwydd hynny mae rheolau cerdd dafod yn caniatáu inni beidio ag ateb y gytsain **h** os ydym yn dewis peidio â gwneud hynny (neu'n ei chael hi'n anodd i wneud hynny!). Goddefiad i'r rheol yw hon ac mae unrhyw lacio ar gaethdra'r system yn rhywbeth i'w groesawu. Dyna agor y drws i bosibiliadau eraill felly. Ond beth yn union? Gadewch inni hepgor yr orffwysfa wreiddiol ac edrych eto beth sy'n rhaid ei ateb:

neuadd .....:...../newydd yw h:**On**
n   dd .....:...../n   dd   (h): (n)

Gan nad oes raid ateb y gytsain **h**, byddai gair unsill acennog yn dechrau gyda llafariad neu ddeusain yn unig yn ddigon i ateb gofynion y gynghanedd e.e.

neuadd :**WY**ch/newydd yw h:**On**

Mae **n** ac **dd** yn cael eu hateb yn yr un drefn o flaen y ddwy brifacen ac mae'r gynghanedd yn gyflawn. Dewch â mwy o enghreifftiau i mi:

neuadd aur/newydd yw hon

neuadd uwch/newydd yw hon
neuadd oer/newydd yw hon

Yn yr un modd ag y gellir ateb **h** neu ei hepgor, gellir ateb **r** gydag **r** neu **rh** ac ateb **s** gydag **s** neu **sh** (fel mewn siop) e.e.

hanner awr o wên yr haul
unrhyw win — yno yr oedd
lwmp o siwgr a lamp a sach

Gall y geiriau sy'n cynnal yr acenion mewn cynghanedd Groes fod yn eiriau heb gytseiniaid ar eu dechrau, felly. Yr hyn sy'n bwysig yw bod y cytseiniaid yn cael eu hailadrodd yn yr un drefn rywle o flaen yr acen. Mae modd cymysgu'r ddau batrwm — bod un gytsain yn sownd wrth yr acen ac un arall sy'n ei hateb yn perthyn i air gwahanol. Meddai Iolo Goch am ei noddwr hael:

aml yw ei aur im o'i law

Dyma'r dadelfeniad:

aml yw ei :**AU**r/im o'i l:**AW**
ml   :   (r)/ m   l:

Mae'r ddwy acen **aur/law** yn gytbwys ac yn acennog. Na, tydi'r geiriau hynny ynddynt eu hunain ddim yn cynganeddu — ond llinell o gynghanedd ydyw, cofiwch, nid geiriau unigol yn cynganeddu. Mae'r geiriau sy'n dod o flaen y ddwy brifacen yn cyflawni'r gynghanedd.

Cynigiwch amrywiadau ar y patrwm:

aml yw ei win/im o'i law
aml yw ei uwd/im o'i law (!)

Cofiwch am eiriau'n dechrau gydag **h** hefyd:

aml yw ei haidd/im o'i law

Yn y wers gyntaf rydym wedi gweld bod modd i eiriau deusill a lluosill orffen yn acennog yn y Gymraeg yn ogystal, er mai eithriadau ydynt. Yr acen, nid nifer y sillafau mewn gair, sy'n cyfri i'r glust a dyna sy'n cyfri i'r gynghanedd yn ogystal.

Sut yr â rhywun ati i gynganeddu gair fel **carafán** neu **adnabûm** neu **cangarŵ**. Gadewch i ni edrych ar y gofynion:

caraf:**Á**n
c r f: (n)

Mae'r acen ar yr **a** yn y sillaf olaf. Y cytseinaid o flaen yr acen yw **c r f** a rhaid eu hateb o flaen yr ail acen er mwyn creu cynghanedd Groes Gytbwys Acennog. Medrwn chwilio am air acennog sy'n cychwyn gydag **f** (cofiwch am y treigliadau — mae'r rheiny'n ystwytho'r dewis yn hwylus iawn yn y Gymraeg). Beth am:

caraf:**Á**n/y criw o F:**Ô**n
c r f:(n)/ cr F: (n)

Nid yw'r prifacenion **fan** a **Fôn** yn proestio gan fod un llafariad yn drom a'r llall yn ysgafn, ac mae'r gyfatebiaeth yn gyflawn. Fel y gwelsom yn barod, gellir rhoi gair acennog heb gytsain, o flaen yr acen, neu'n dechrau ag **h**, fel prifacen yn ogystal. Dyma bosibilrwydd arall:

caraf:**Á**n/y cryf yw h:**I**
c r f:.(n)/ cr f (h):

Beth am **adnabûm** a **cangarŵ**? Mae sawl drws yn agor eto. Dadelfennwch y rhain.

adnabûm y dewin byr
adnabûm y dyn byw hwn
dyna bobl a adnabûm
canig a roes cangarŵ
y cangarŵ'n cnoi ei grys
ceiniog ar ael cangarŵ

YMARFERIAD 5

Ble mae prifacenion y llinellau a ganlyn o waith Guto'r Glyn?

hynaf oll heno wyf i
rhy fyr i'r hwyaf ei oes
dy law wen a dalai wŷr

a'r rhain o waith Tudur Aled:
> *a chnydau ŷd a chan dôl*
> *sêl a dawn Isaled oedd*
> *iaith Gymraeg a'th gymar oedd*

Wrth gofio am un arall o'r noddwyr, roedd galar Iolo Goch cymaint nes ei fod yn mynnu nad oedd hi'n werth trin y tir na phlannu cnydau yn y ddaear mwyach. Heb fod Tudur Fychan yno i'w hamddiffyn, meddai'r bardd, roedd y cyfan yn ofer:

> na heuer mwy yn nhir Môn

Mae dadelfennu'r llinell yn codi pwynt diddorol:

> na heuer m:**WY**/yn nhir M:**Ôn**
> n h   r m: / n nh r M: (n)

Wrth edrych ar y gyfatebiaeth, gwelwn fod yr un cytseiniaid yn cael eu hailadrodd yn yr un drefn o flaen y ddwy brifacen. Ond mae un **n** yn ychwanegol ar ddechrau'r ail hanner. Dyna'r drwg — **edrych** ar y gyfatebiaeth yr ydym yn hytrach na gwrando arni. Dywedwch **yn nhir** yn uchel ac mi glywch y ddwy **n** yn toddi'n un sain. Mae'n gynghanedd Groes berffaith gywir felly.

Mae mwy iddi na hynny hefyd. Yn ei farwnad i Llywelyn ap Gwilym, cyhoeddodd Dafydd ap Gwilym mai arweinydd da a fuasai pe bai wedi cael byw, bod ei dŷ yn agored i bawb:

> llyw lles pe byw, llys pawb oedd

a dyma'r dadelfeniad:

> llyw lles pe b:**YW**,/llys pawb :**OE**dd
> ll   ll s p b: /ll s p   b :

Mae dwy gytsain **ll** ar ddechrau'r rhan gyntaf a dim ond un ar ddechrau'r ail ran. Er hynny, mae bwlch rhwng y ddwy **ll** yn **llyw lles**. Mae'n amhosibl honni eu bod yn toddi i'w gilydd. Eto, o safbwynt clust y beirdd ar hyd y canrifoedd, barnwyd bod modd ateb dwy gytsain gyda dim ond un — **cyn belled nad oes cytseiniaid eraill na phrifacen yn eu gwahanu.**

YMARFERIAD 6

'Na heuer mwy yn nhir Môn' meddai Iolo Goch. *Newidiwch yr enw Môn am enwau eraill unsill acennog a chwblhewch gofynion y gynghanedd newydd — Gwent, Llŷn, Fflint, Iâl a.y.b. e.e. Na heuer gwair yn nhir Gwent.*

CRYCH A LLYFN

Er mwyn pwysleisio eto yr hyn a ddywedwyd yn barod am bwysigrwydd y prifacenion, dyma gloi'r wers hon gydag astudiaeth o'r llinell:

aradr cryf ar odre craig

Gruffudd Llwyd piau'r llinell ac roedd o'n gweld yr uchelwr Hywel ap Meurig Fychan o Nannau, Meirionnydd fel aradr yn arddu'r tir, yn paratoi cnydau hael i'w ddeiliaid ac i'w gyfeillion.

aradr cr:**Y**f/ar odre cr:**AI**g

r dr cr: (f)/ r dr cr: (g)

Mae'n gynghanedd gref iawn, gyda'r cytseiniaid yn clecian ei hochr hi. Beth am amrywio'r orffwysfa — aradr crand, aradr croch, aradr crwm. Beth am amrywio'r brifodl: ar odre crib, ar odre crofft, ar odre crug, ar odre ceirch . . .

Ara' deg am funud. Gadewch inni sylwi ar y llinell olaf yna:

aradr cr:**Y**f/ar odre c:**EI**rch

r dr cr: (f)/ r dr c: (rch)

Does dim rhaid ateb y gytsain **f** ar ôl yr acen yn **cryf** fel y gwyddom. Ar ôl yr acen yn y brifodl, mae'r cytseiniaid **rch**. Ond mae angen y gytsain **r** o **flaen** y brifodl er mwyn cyflawni'r gynghanedd. Fel ag y mae hi, mae **r d r c** o flaen yr acen yn y rhan gyntaf a dim ond y cytseiniaid **r d r c** o flaen yr acen yn yr ail ran. Mae'r **r** olaf yn digwydd ar ôl y brifodl ac nid yw'r gytseinedd yn llyfn. Mae'n anghywir. Mae'n enghraifft o gamacennu. **Crych a llyfn** yw'r term ar y bai hwn.

YMARFERIAD 7

Mae un ym mhob rhestr yn dioddef o'r bai crych a llyfn i'r gair cyntaf. Pa un?

PLA   a) *plwyf*   b) *palf*   c) *pleth*   ch) *plwm*   d) *plwc*
STAMP   a) *storm*   b) *stôl*   c) *siwt*   ch) *stiw*   d) *stêm*
BREF   a) *brwd*   b) *brwyn*   c) *brown*   ch) *brys*   d) *berf*

Gwers 3

Wedi dweud yn y wers ddiwethaf bod rhaid ateb pob cytsain o flaen y prifacenion i greu llinell o gynghanedd Groes Cytbwys Acennog, daeth sawl goddefiad i'r golwg gan gynnig dihangfa a dewis ehangach i'r cynganeddwr:
— does dim rhaid ateb y gytsain **h**
— gellir ateb dwy gytsain yr un fath sydd ynghlwm â'i gilydd gydag un gytsain
— gellir ateb dwy gytsain yr un fath sydd â dim ond llafariaid rhyngddynt hefyd gyda dim ond un gytsain, cyn belled â'u bod o flaen y prifacenion.

N WREIDDGOLL AC N GANOLGOLL

Mae drws y gell yn agor yn araf bach, ac mae 'na fwy o gymorth ar y ffordd i roi ysgwydd y tu ôl i'r drws hefyd. Ystyriwch y llinell hon:

    drwy boen y newidia'r byd

Wiliam Llŷn piau'r llinell a dadelfennwch hi fel hyn:

    drwy b**OE**n/y newidia'r b**Y**d
    dr   b: (n)/ n   d r b: (d)

Gwelwn fod y cytseiniaid **d r b** yn cael eu hateb o flaen y brifodl yn yr un drefn ag y maent o flaen yr orffwysfa. Ond beth am gytsain **n** ar ddechrau ail hanner y llinell? Nid yw honno'n cael ei hateb o flaen yr orffwysfa. Ond nid yw'n llinell wallus er hynny — mae hynny hefyd yn oddefiad i brif egwyddor y gynghanedd. Mae'r cytsain **n** yn digwydd yn aml mewn geirynnau Cymraeg megis **yn, ein, ni, na, nid, ond** ac ati a byddai ei hateb bob amser yn caethiwo ar fynegiant y beirdd. Caniatawyd, dros y blynyddoedd, felly i hepgor ei hateb pan fo'n digwydd ar **ddechrau**'r gyfatebiaeth — ar ddechrau'r gyfatebiaeth o flaen yr orffwysfa neu ar ddechrau'r gyfatebiaeth o flaen y brifodl. Yn y llinell 'drwy boen y newidia'r byd', mae'n digwydd ar ddechrau'r gyfatebiaeth o flaen y brifodl a'r term arni yw **n ganolgoll**. Pan fo'n digwydd ar ddechrau'r gyfatebiaeth o flaen yr orffwysfa, fe'i gelwir yn **n wreiddgoll**.

YMARFERIAD 1

Nodwch pa un ai n wreiddgoll neu n ganolgoll a geir yn y llinellau a ganlyn:

a) *a phoeri mellt yn ffrom iawn (Dafydd ap Gwilym)*
b) *neu flas dŵr fel osai da (Dafydd Nanmor)*
c) *llwyth o'r calch yn llethu'r coed (Anhysbys)*
ch) *well ei fwrdd ni allai fod (Guto'r Glyn)*
d) *ni wn ba awr yn y byd (Guto'r Glyn)*

Mae'n bwysig cofio un peth serch hynny. Sylwch eto ar y llinell olaf yn yr ymarferiad. Er bod cerdd dafod yn goddef yr n wreiddgoll a'r n ganolgoll ac er bod goddefiad arall yn caniatáu ateb dwy gytsain gyda dim ond un, ni chaniateir uno'r ddau oddefiad. Ni chaniateir dwy n wreiddgoll mewn llinell o gynghanedd. Barus fyddai peth felly!

AC A NAC

Mae'r geirynnau **ac** a **nac** bron bob amser yn cael eu sillafu gydag **c** galed ar eu diwedd, ond dywedwch 'dafad ac oen' neu 'na dafad nac oen' yn uchel ac mi glywch ar unwaith mai **g** yw'r sain i'r glust. Mae'n bwysig felly ein bod ninnau'n parchu'r glust wrth eu cynnwys mewn cynghanedd gan ateb yr **c** yn yr orgraff gyda'r sain **g** lafar.

    ac yn eu pl:**I**th/genau pl:**A**nt *(Lewis Morris)*

    (c)g n   pl:(th)/g n   pl: (nt)

    gwŷr a th:**I**r/ac aur a th:**AI** *(Wiliam Llŷn)*

    g r   th:(r)(c)g r   th:

CYWASGU

Gwelsom eisoes bod modd i ddwy gytsain glymu â'i gilydd i greu un sain. Yn yr un modd, gall dwy lafariad mewn dwy sillaf wahanol gywasgu i ffurfio un sillaf er mwyn ateb gofynion y nifer o sillafau a ganiateir mewn llinell. Sawl sillaf sydd yn y geiriau "bara a chaws"? O'u cyfri fel Dalec, "bar-a-a-chaws," byddem yn cyfri pedair sillaf, ond o'u dweud yn uchel, tair sillaf ydynt — "bara' chaws" gan fod y geiryn **a** yn **cywasgu** gyda'r **a** ar ddiwedd "bara".

Yn achos llafariaid, does dim rhaid i'r ddwy lythyren fod yr un fath er mwyn cywasgu bob amser. Mae **a e i** yn rhoi **ai**; **o e i** > **oi**, **e e u** > **eu** ac ati e.e.:

> canu i bawb acen o'i ben *(Lewys Glyn Cothi)*
> u + i > ui

TRAWS GYTBWYS ACENNOG

Daeth yn bryd cyflwyno'r ail fath o gynghanedd — sef y gynghanedd Draws. Nid cymlethu'r rheolau a wna hyn ychwaith, ond symleiddio pethau. Gwrandewch ar y llinell hon o waith Dafydd Nanmor sy'n disgrifio gwallt merch:

> mae'n un lliw â'r maen yn Llŷn

Ar glogwyni Uwchmynydd ym mhen draw Llŷn mae craig felen yn britho i'r wyneb ac ar y llethr codwyd un o'r cerrig mwyaf yn faen sy'n sefyll ar ei gyllell ers yr hen oesoedd. Hwn yw'r Maen Melyn a dyna liw gwallt y ferch roedd y cywyddwr wedi dotio ati. Ond anghofiwch am y prydferthwch a sylwch ar y gyfatebiaeth am y tro:

> mae'n un ll:**IW**/â'r maen yn Ll:**Ŷ**n
> m   n   n ll: /   r m   n   n Ll: (n)

Mae pedair cytsain yn cael eu hateb yn yr un drefn o flaen y ddwy brifacen ond saif un gytsain — y gytsain **r** — heb ei hateb ar ddechrau'r ail hanner. Mae'r gyfatebiaeth yn mynd ar draws y gytsain honno er mwyn creu'r gynghanedd. Dyna hi'r gynghanedd Draws — cynghanedd gytseiniol yr un fath â chynghanedd Groes ond gydag un neu fwy o gytseiniaid heb eu hateb ar ddechrau ail ran y llinell. Mae'r ddwy brifacen yn acennog yn yr enghraifft uchod, felly dyna linell o Draws Gytbwys Acennog.

Mewn cynghanedd Groes, mae modd cyfnewid dau hanner y llinell heb amharu ar y gyfatebiaeth (er bod hynny'n amharu ar y synnwyr weithiau debyg iawn). Ystyriwch y llinell hon gan Tudur Aled sy'n disgrifio march yn carlamu nes bod ei bedolau'n codi gwreichion oddi ar gerrig y ffordd:

> dryllio tir yn droellau tân

Cynghanedd Groes gydag n ganolgoll yw hon:

        dryllio t:**I**r/yn droellau t:**Â**n

        dr ll   t:(r)/ n dr ll   t: (n)

Pe rhown yr ail hanner yn gyntaf, buasai gennym linell o gynghanedd Groes o hyd — ond gydag n wreiddgoll y tro hwn:

        yn droellau t:**Â**n/dryllio t:**I**r

        n dr ll   t:(n)/dr ll   t: (r)

Ond nid oes modd gwneud hynny gyda chynghanedd Draws oherwydd rhaid i'r cytseiniaid sy'n cael eu hepgor o'r gyfatebiaeth fod ar ddechrau ail ran y llinell yn unig. Ni ellir mynd drostynt os ydynt ar ddechrau'r hanner cyntaf. Anghywir i'r glust fyddai dweud:

        â'r maen yn Ll:**Ŷ**n/mae'n un ll:**I**w

        r m n n Ll: (n)/m n n ll:

YMARFERIAD 2

Pa gytseiniaid yr eir trostynt er mwyn creu'r cynghanedd Draws yn y llinellau hyn?

    a)   *llunio cerdd uwchben llwyn cyll* (Dafydd ap Gwilym)
    b)   *heb ddawn, heb urddas, heb ddim* (Gruffudd Grug)
    c)   *wylo gwaed lle bu alw gwin* (Wiliam Llŷn)
    ch) *mor syn â phe mwrw â saeth* (Tudur Aled)
    d)   *llaw gref yn erbyn Lloegr oedd* (Guto'r Glyn)

Y DRAWS FANTACH

Fel y gwelwch, mae nifer y cytseiniaid yr eir trostynt yn amrywio o un yn unig mewn ambell linell i nifer helaeth mewn llinellau eraill. Mae modd ymestyn y bwlch i'r eithaf fel mai dim ond un sillaf acennog ar ddechrau'r llinell a'r sillaf acennog arall ar ei diwedd yn unig sy'n creu'r gynghanedd. Mae hon yn gynghanedd syml iawn i'w llunio ond gall fod yn effeithiol iawn yng nghanol nifer o linellau mwy cywrain er hynny. Mae ffurf y llinell yn debyg i geg gydag un dant cnoi ar bob pen iddi ond heb un dant brathu yn y canol. Yr enw ar y math hwn o gynghanedd Draws yw'r **Draws**

Fantach. Rhaid cael pwyslais arbennig ar y sillaf cyntaf er mwyn i rythm y llinell orffwys yn naturiol. Dyma enghraifft:

haul yr ellyllon yw hi *(Dafydd ap Gwilym —* i'r lleuad lawn)

Dim ond y geiriau **haul** a **hi**, sef y ddwy brifacen, sy'n ateb gofynion y gynghanedd:

    h:**AU**l/yr ellyllon yw h:**I**
    h: (l)/   h:

Weithiau bydd clymiad o gytseiniaid ar ddechrau'r sillaf acennog yn cael eu hateb:

  pl:**A**/ar holl ferched y pl:**WY** *(Dafydd ap Gwilym)*
  pl: /   pl:

ac weithiau bydd yr orffwysfa ar yr ail sillaf ond mai dim ond llafariad sydd yn y sill blaenorol:

  a m:**E**rch/a welswn ym M:**AI** *(Dafydd ap Gwilym)*
  m: (rch)/   M:

  a'i gr :**U**dd/fel rhosyn y gr:**O**g *(Dafydd ap Gwilym)*
  gr : (dd)/   gr: (g)

YMARFERIAD 3

Lluniwch gynganeddion Traws Fantach gan ddefnyddio'r geiriau canlynol fel yr orffwysfa. Cofiwch gadw at linellau seithsill a cheisiwch greu rhythm cyfforddus i'r glust.
bryn; gwalch; mellt; pren; sŵn

TWYLL GYNGHANEDD

Wrth lacio caethdra'r gynghanedd, rhaid cael clust feinach i'w chlywed. Mae'n hawdd iawn i ambell gyfatebiaeth dwyllo'r glust gan roi'r argraff ei bod yn gyflawn pan nad yw felly mewn gwirionedd. Dadelfennwch y gynghanedd Draws hon:

    wylais waed ar wely'r sant

Wrth gyfleu eu galar, roedd yr hen gywyddwyr yn aml yn

defnyddio'r darlun eu bod yn wylo nid dagrau, ond yn hytrach waed. Dyma'r gyfatebiaeth:

wylais :**WAE**d/ar wely'r s:**A**nt
l s :   (d)/ r   l r s: (nt)

Mae'r gyfatebiaeth yn mynd dros yr **r** gyntaf ar ddechrau'r ail ran ond mae **r** arall wedi llithro i mewn rhwng yr **l** a'r **s** yn rhan olaf y llinell. Nid yw'r gyfatebiaeth yn gywir felly, er y gall swnio felly i glust anghyfarwydd. Mae'n enghraifft o'r hyn a elwir yn **dwyll gynghanedd** — llythyren dwyllodrus wedi llithro i mewn i'r gyfatebiaeth heb inni sylwi arni. Nid honno oedd y llinell wreiddiol, wrth gwrs, ond hon o eiddo Guto'r Glyn:

wylais :**WAE**d/ar wely S:**I**ôn
l s :   (d)/ r   l S: (n)

Mae'r gyfatebiaeth yn gywir yn hon.

CAMOSODIAD

Beth sydd o'i le yn y llinell hon?

dawn yr iwrch rhag y neidr oedd

Dadelfennwch hi:

dawn yr :**IW**rch/rhag y neidr :**OE**dd
d n r : (rch)/(rh g) n dr :   (dd)

Cynghanedd Draws sydd yma ar un olwg gyda'r gyfatebiaeth yn cynnwys y cytseiniaid **d n r** ac yn mynd dros yr **rh** a'r **g**. Ond o graffu, sylwn fod trefn y gyfatebiaeth yn wahanol: **d n r/n d r**. Er eu bod yr un cytseiniaid, maent wedi'u camosod a dyna enw'r bai sydd yn y llinell wallus hon — **camosodiad**.

Hon oedd y ffurf wreiddiol — llinell o waith Tudur Aled yn disgrifio march bywiog fel carw bach (iwrch) yn neidio wrth weld sarff ar ei lwybr:

naid yr **IW**rch/rhag y neidr :**OE**dd
n d r : (rch)/rh g   n dr :   (dd)

Dyna ddau wall a all yn hawdd iawn dwyllo'r glust a rhaid

meinhau'r glust er mwyn dod yn gyfarwydd â hwy a llwyddo i'w hosgoi.

ATI I GREU

Wedi llacio cymaint ar y rheolau, mater bach fydd cynganeddu o hyn ymlaen! Dewch i ni roi cynnig arni. Beth am gychwyn gyda gair acennog fel **ffair**. Sut mae mynd ati i'w gynganeddu? Wel, mi allwn lunio'r math mwyaf elfennol o gynghanedd, sef y Draws Fantach.

ff:**AI**r/.................ff:.....

Fedrwch chi lenwi'r bylchau? Rhaid cael gair acennog yn dechrau gyda'r gytsain **ff** ar gyfer y brifodl. Pa un o'r rhain sy'n cynnig ei hun rwyddaf: ffawd, ffeind, ffordd, ffos, ffŵl? Beth am:

ffair yw paradwys y ffŵl

ffair, yna disgyn i ffos

Ychwanegwch at y rhain. Mae posibilrwydd arall gyda'r gytsain hon, wrth gwrs, sef ei hateb â **ph**. Rhaid creu treiglad, felly — ei phen, â phunt, a pheint

ffair i gael cariad a pheint

ffair i ffarwelio â phunt

Gallwn fynd ati i gymhlethu'r llinell yn awr. Beth am roi gair neu eiriau o flaen 'ffair' e.e. i'r ffair/o'r ffair/yn y ffair/mewn ffair. Geiriau byr heb lawer o gytseiniaid i'w hateb i ddechrau arni. Cofiwch na ellir mynd 'ar draws' unrhyw gytseiniaid ar ddechrau llinell — ar wahân i **n**, wrth gwrs. Dyma ambell gynnig i osod y patrwm:

i'r ffair yr aeth gwŷr y fferm

mewn ffair gwelais blismon ffeind

yn y ffair fe fydd 'na ffeit

Cofiwch am y goddefiadau — mae modd cyfri'r gytsain gyntaf yn n wreiddgoll yn y dasg o ateb 'yn y ffair', er enghraifft. Cofiwch hefyd nad oes raid bod yn gaeth i eiriau sy'n cychwyn â ff/ph i lunio prifodl. Gwrandewch ar sŵn y llinellau hyn:

a) mewn ffair bydd cwmni hoff iawn
b) yn y ffair penstiff yw ef
c) mewn ffair mae hynny yn ffêr
ch) o'r ffair mae hi'n rhaid troi i ffwrdd
d) yn y ffair heb bwn na phoen

YMARFERIAD 4

Mae goddefiad i reolau cerdd dafod ym mhob un o'r llinellau uchod. Fedrwch chi eu canfod a'u henwi?

YMARFERIAD 5

Amrywiwch y geiriau yn y llinellau a ganlyn er mwyn eu cwblhau yn gynganeddion Croes neu Draws.

mewn ffair .... hoff iawn
(angen 3 sillaf ac ateb **m n***)*

yn y ffair .... ffôl
(angen 3 sillaf ac ateb **n** *neu ei chyfri'n n wreiddgoll)*

wedi'r ffair .... i'r fferm
(angen 3 sillaf ac ateb **d***)*

Gwers 4

Gwyddom erbyn hyn mai gair acennog yw **bawd** a bod modd llunio cynghanedd Groes neu Draws Gytbwys Acennog gyda'r math hwnnw o air ar batrwm:

dyn â bawd o dan ei bac

Ond beth am y gair **bodiwr**? Sut air yw hwnnw? A sut mae ei gynganeddu fel un o brifacenion y llinell? Gadewch inni weld:

b:**O**d-iwr

b: d-   (r)

Gair deusill ydi **bodiwr** ac mae'n gyson â'r patrwm arferol yn y Gymraeg o fod â'r acen ar y goben (y sillaf olaf ond un). B:**O**d-iwr, ddwedwn ni, gyda'r acen ar yr **o**. Beth am y sillaf olaf -**iwr**? Acen ysgafn sydd ar honno ac felly dyma batrwm y cytseiniaid:

b: **acen drom** d - *acen ysgafn* (r)

Os mynnwch chi, yr un sy'n bodio yw'r acen drom a'i bac yw'r acen ysgafn. I ateb **bodiwr** fel prifacen, rhaid cael gair arall sy'n dilyn yr un patrwm o

b: acen drom d - acen ysgafn (. . .)

e.e. bwydydd

b: d-   (dd)

Ond mae gan ambell fodiwr fwy nag un pac, debyg iawn:

abadau

-b: d-

Y patrwm yn y gair tair sillaf hwn yw: *acen ysgafn* -b: **acen drom** d - *acen ysgafn*. O safbwynt y gynghanedd, yr acen drom yw'r un sy'n cynnal y brifacen a rhaid ailadrodd yr un patrwm cytseiniaid o gwmpas yr acen honno er mwyn creu cynghanedd. Mae geiriau fel **bodiwr** ac **abadau** yn diweddu yn ddiacen ac os rhoddir dau air felly yn yr orffwysfa a'r brifodl, bydd gennym esgyrn sychion cynghanedd Groes neu Draws Gytbwys Ddiacen.

GEIRIAU CYTBWYS DIACEN

Mae'r beiau gormod odl, proest i'r odl a chamacennu i'w gochel mewn cynghanedd gytbwys ddiacen yn union fel mewn cynghanedd gytbwys acennog a phob cynghanedd arall. Yr un egwyddor sylfaenol sy'n cyfri, sef bod y cytseiniaid o gwmpas y prifacenion yn ateb ei gilydd, bod y llafariaid yn wahanol ac nad oes proest yn digwydd ar ôl y prifacenion.

Mae gair fel **bodiwr** felly yn cynganeddu â geiriau fel:

bedwen, beudai, bydol

gan fod y geiriau hyn i gyd yn dilyn y patrwm b:**acen** d-
Ond mae'n proestio â:

budur, ei bader, yn bwdwr

gan fod proest yn y sillaf ar ôl y brifacen ar batrwm b: **acen** d - **r**.

a byddai'r llinellau a ganlyn yn euog o'r bai proest i'r odl:

un budur ydi'r bodiwr

bodiwr yn dweud ei bader

bodiwr tan goeden bwdwr

YMARFERIAD 1

Mae un gair ym mhob rhestr yn proestio gyda'r gair cyntaf. Pa un?

SEREN a) siriol; b) Saron; c) seiri; ch) sarrug; d) siarad
CANU a) cynnig; b) ceinion; c) cwyno; ch) cynion; d) acenion
GWAELOD a) ei gilydd; b) galw; c) gwylio; ch) gwaeledd;
d) gweled

BAI RHY DEBYG

Nid yw geiriau diacen fel **bodiwr** yn cynganeddu'n gywir â geiriau diacen tebyg os yw'r llafariaid yn y ddau sillaf olaf yr un fath â'i gilydd. Mae hwnnw'n fai cynganeddol a elwir yn **rhy debyg** e.e.

bodiwr, bodiwch, bodiwn

Er bod y gytsain olaf yn gwahaniaethu, mae'r sain yn rhy agos at ei gilydd i fod yn dderbyniol i'r glust. Mewn gwirionedd, mae'r un llafariad ar yr acen yn ddigon i greu sain ansoniarus hefyd e.e. rhwng b**O**diwr a b**O**da. Mae'n rhywbeth y dylid ceisio ei osgoi er ei fod yn dderbyniol o safbwynt cywirdeb cynganeddol erbyn hyn.

YMARFERIAD 2

Mae un gair ym mhob rhestr yn euog o'r bai rhy debyg wrth geisio cynganeddu â'r gair cyntaf. Pa un?

TYNER a) tanio; b) tonnau; c) tenau; ch) twyni; d) tynnent
POERI a) purodd; b) pared; c) poeriad; ch) parod; d) parau
MEGIN a) mygu; b) magu; c) mwgwd; ch) megis; d) mygyn

CAMACENNU

Nid yw **bodiwr** yn cynganeddu gyda **bedyddio** na **gwybed** oherwydd nad yw'r un cytseiniaid o gwmpas yr acenion h.y. maent yn camacennu. Sylwch ar y patrymau hyn:

```
bed-:Ydd-io     g:WYb-ed
b d-:  dd-      g:    b- (d)
```

Yn y gair 'bedyddio', y cytseiniaid **d** ac **dd** sydd o gwmpas yr acen drom nid **b** a **d** fel yn 'bodiwr' ac yn y gair 'gwybed', **g** a **b** sydd o gwmpas yr acen drom gyda **d** ar ôl yr acen ysgafn. Nid oes cynghanedd yma felly.

Ar y llaw arall, mae gair fel 'bywydeg' yn dilyn y patrwm yn gywir. Er bod sill digytsain rhwng y **b** yn bywydeg â'r acen drom, nid yw hynny'n effeithio ar y gynghanedd. Mae patrwm y cytseiniaid o flaen ac ar ôl y brifacen yr un fath:

```
byw-:Yd-eg
b   -: d- g
```

YMARFERIAD 3

Mae un gair ym mhob rhestr yn camacennu â'r gair cyntaf. Pa un?

CARIAD a) *cywir;* b) *curo;* c) *cerrig;* ch) *cwyro;* d) *cyhyrau*
PENYD a) *poenau;* b) *pawennau;* c) *poenydio;* ch) *peunod;*
d) *pynnau*
LLORIAU a) *lloerwyn;* b) *llawer;* c) *llariaidd;* ch) *llaweroedd;*
d) *lloeren*

CRYCH A LLYFN

Pan fo cytseiniaid clwm rhwng yr acen drom a'r acen ysgafn yn y brifodl neu'r orffwysfa, rhaid eu hateb â'r un cytseiniaid clwm. Mae'n amhosibl eu gwahanu neu ceir y bai **crych a llyfn**.

Er enghraifft, yn y gair **hacrwch**, mae'r cytseiniaid clwm **cr** rhwng yr acen drom (h**A**) a'r acen ysgafn (-wch). Pe bai'r gair hwn ar yr orffwysfa mewn llinell o gynghanedd, ni fyddai'n bosibl llunio prifodlau gyda'r geiriau hyn er enghraifft:

cariad; haciwr; cyrchu

Mae'r gytseinedd yn debyg rhwng y tri gair a **hacrwch**, ond does dim cynghanedd rhyngddynt gan eu bod yn euog o'r bai crych a llyfn:

ha**cr**wch = acen drom: **cr** - acen ysgafn (ch)
ca**r**iad = **c**: acen drom **r** - acen ysgafn (d)
ha**c**iwr = acen drom: **c** - acen ysgafn **r**
cy**rch**u = **c**: acen drom **rch** - acen ysgafn

O edrych ar batrymau'r cytseiniaid, mae'n amlwg nad oes llyfnder yn y gyfatebiaeth.

YMARFERIAD 4

Mae un gair ym mhob rhestr yn euog o'r bai crych a llyfn wrth geisio cynganeddu â'r gair cyntaf. Pa un?

CROESO a) *creisus;* b) *corsydd;* c) *creision;* ch) *crasiad;*
d) *ceiriosen*

COSTUS a) *castiog;* b) *cystudd;* c) *castell;* ch) *cistiau;* d) *casetiau*

PERSAIN a) *pyrsiau;* b) *parsel;* c) *proses;* ch) *Persil;* d) *purswil*

ATEB DWY GYTSAIN GYDAG UN

Wrth ateb y gytsain a ddaw ar ôl yr acen drom fel hyn, rhaid cofio'r rheol ynglŷn â bod modd ateb dwy gytsain gyda dim ond un, cyn belled nad oes cytsain arall **nac un o brifacenion y llinell** yn dod rhyngddynt. Ni fyddai'r llinell hon yn gywir:

yn d**O**dwy yn y d**IW**edd
n d: d-   n   d : -(dd)

Ar un olwg, mae un **d** yn yr ail hanner yn ateb y ddwy **d** yn **dodwy**. Ond mae'r orffwysfa wedi'i gosod ar yr **o** yn **dodwy**, gan wahanu'r ddwy **d** felly rhaid ateb y ddwy **d** gyda gair fel **dedwydd** neu **didol**.

Gwyddom bellach beth sy'n cael ei wahardd — ond beth sy'n bosibl o fewn y rheolau hyn? Dewch i roi cynnig arni.

YMARFERIAD 5

Lluniwch restrau o eiriau sy'n cynganeddu'n gytbwys ddiacen â'r canlynol:

a) *miwsig e.e. mesen, ymosod,* ....

b) *agoriad e.e. gwirion, garw,* ....

c) *muriau e.e. maharen, mïaren,* ....

YMARFERIAD 6

Lluniwch restrau o eiriau sy'n cynganeddu'n gytbwys ddiacen â'r canlynol drwy gyfrwng treiglad:

a) *miwsig e.e. fy mhwysau,* ....

b) *agoriad e.e. ei gywiro, dan garu,* ....

c) *yfory e.e. ei furiau, dan farrug,* ....

CROES GYTBWYS DDIACEN

Rydym yn barod yn awr i greu cynganeddion seithsill gan ddefnyddio'r patrwm hwn o brifacenion. Dadelfennwch y llinell hon o waith Gutun Owain:

> aml gwinoedd a mêl gwenyn

Mae'n rhannu'n ddwy yn naturiol ar ôl y gair 'gwinoedd'. Y ddwy brifacen felly yw 'gwinoedd'/'gwenyn' a gan fod yr holl gytseiniaid o flaen y brifodl yn cael eu hateb o flaen yr orffwysfa, mae'n llunio cynghanedd Groes:

> aml g:**WI**n-oedd/a mêl g:**WE**n-yn
>
> ml g: n- (dd)/ m l g: n- (n)

Dull eithaf syml o lunio cynghanedd o'r fath yw defnyddio'r patrwm 'dau a dwy' e.e.

> dau gybydd a dwy goban

YMARFERIAD 7

Ceisiwch chwilio am eiriau i lenwi'r bylchau a ganlyn. Cofiwch y gallwch ddefnyddio enwau personol os bydd rhai'n cynnig eu hunain.

a) dau .... a dwy gweryl

b) dau siriol a dwy ....

c) dau .... a dwy beniog

ch) dau Aled a dwy ....

d) dau ddaliwr a dwy ....

TRAWS GYTBWYS DDIACEN

Os nad yw'r holl gytseiniaid o flaen y brifodl yn cael eu hateb o flaen yr orffwysfa, yna cynghanedd Draws sydd gennym. Yn ei gywydd 'Trafferth mewn Tafarn', mae Dafydd ap Gwilym yn disgrifio'i helbulon wrth godi'r nos i geisio cyfarfod â'i gariad yng nghanol tywyllwch tŷ tafarn. Mae'n baglu a chodi twrw a thynnu sylw ei gydletywyr sy'n Saeson digydymdeimlad. Dyma enghreifftiau o gynganeddion Traws Cytbwys Diacen o'r cywydd hwnnw:

        d:**EU**thum/i ddinas d:**E**thol
        d: th (m)/   d: th (l)
        d:**Y**fod/bu chwedl ed:**I**far
        d: f (d)/   d: f (r)
        g:**Y**gus/oeddent i'm g:**O**gylch
        g:**Y**gu(s)/   g: g (lch)

Yn yr enghreifftiau hyn, dim ond y ddeusill sy'n cario'r prifacenion sydd hefyd yn cynnal y gytseinedd. Ond gellir ymestyn y gytseinedd i sillafau eraill o flaen y brifodl:

        a ll:**A**far/badell :**E**fydd
         ll: f (r)/   ll : f (dd)
        g:**WEI**ddi/gŵr gorwag :**OE**ddwn
        g: dd /   g :   dd (n)

Mae'r **ll** yn y gair **badell** yn cydio yn y brifodl **efydd** ac yn rhoi yr un patrwm o gytseiniaid o amgylch y brifacen ag a geir yn **llafar**. Yr un modd gyda'r **g** ar ddiwedd **gorwag**.

Gellir cael n wreiddgoll mewn llinell o'r fath yn ogystal:

        yn tr:**A**fferth/am eu tr:**I**phac
        (n) tr: ff (rth)/   tr: ph (c)

YMARFERIAD 8

Cwblhewch y llinellau hyn. Fe welwch fod yn rhaid ichi chwilio am eiriau sy'n cynnwys y cytseiniaid o flaen yr orffwysfa sydd heb gael eu hateb eto o flaen y brifacen. Lluniwch gynganeddion Croes neu Draws seithsill.

ymofynnai .... *feinir*

ap Gwilym .... *galed*

yn y dafarn .... *yfed*

LLAFARIAID AR DDIWEDD Y GOBEN

Mewn rhai geiriau, mae sillaf y goben yn diweddu â llafariad neu ddeusain e.e. ew:yn; gae:af; new:ydd; llu:oedd; aw:en; dew:is.

Os yw ergyd y llais ar lafariad un o brifacenion y llinell, yna rhaid iddi gyfateb hynny yn y brifacen arall. Ar yr acen, rhaid ateb yr un patrwm cytseiniol ac os nad oes cytsain yno, neu yr hyn a elwir yn **gytsain sero**, rhaid cadw at yr un patrwm. Daw'r llinellau hyn eto o gywydd Dafydd ap Gwilym:

> yn te:**EW**-i/yn y t:**YW**-yll
> n t :   - / n   t: - (ll)
> gwedd:**Ï**-ais/nid gwedd :**E**-ofn
> g   dd: - (s)/ g   dd : - (fn)

YMARFERIAD 9

Cynigiwch eiriau sy'n cynganeddu'n gytbwys ddiacen â'r geiriau hyn. Gwyliwch yr acen lafarog yna a chofiwch ddefnyddio geiriau sy'n creu treigliadau er mwyn helpu eich hunain:

a) bywyd..
b) diwedd..
c) gwiail ....

CYNGHANEDD LAFAROG

Er mai cytseinedd yw sail y cynganeddion Croes a Thraws, mewn egwyddor, gellir cael cynghanedd lafarog yn ogystal lle na bo'r un gytsain yn cael ei hateb:

> :**AW**-en/y bythol :**IEU**-anc
> :   - (n)/   :   - (nc)

Yn yr un modd, gellir cael cynganeddion cytbwys acennog llafarog:

> o **WE**nt y teithiol i **IÂ**l
> : (nt)/   : (l)

o'i **AU**r, rhoes lawer i'w **WŶ**r
: (r)/ : (r)

YMARFERIAD 10

Roedd yr hen gywyddwyr yn arbennig o hoff o gynganeddu enwau lleoedd i gorff eu cerddi. Dewiswch yr enw lle cywir o'r rhestr i gwblhau'r llinellau cytbwys diacen canlynol:

a) **na sychedfyth yn** .... *(Iolo Goch)*
   (Sychnant, Sychdyn, Synod, Sycharth)

b) **llew a aned yn** .... *(Lewys Glyn Cothi)*
   (Llan-non, Llinwent, Llangwm, Llyfnant)

c) **dur Denmarc am darw** .... *(Tudur Aled)*
   (Dwyran, Dinmael, Dinbych, Dinas)

ch) **y blaenaf o bobl** .... *(Dafydd Nanmor)*
   (Aled, y Bannau, Wynedd, y Bala)

d) ...., **llew'n yr heol** *(Tudur Aled)*
   (Llaneirwg, Llanrhaeadr, Llaneilian, Llanwrin)

dd) ...., **well na dugiaeth** *(Dafydd Nanmor)*
   (Llandygái, Llandegfan, Llanedgar, Llandygwy)

e) **cadw batent Coed-y-**............... *(Tudur Penllyn)*
   (Bethel, Bangor, Betws, Bennar)

f) **Rhys orau'n nhir** .... *(Dafydd Nanmor)*
   (y Sarnau, Is Aeron, Soar, San Seiriol)

YMARFERIAD 11

Mae'r gyfatebiaeth yn gref iawn yn y llinellau hyn. Tybed a fedrwch alw enw lle i gof eich hunain?

a) **mi euthum i** .... *(Guto'r Glyn)*

b) **brest ytwyd i** .... *(Lewis Môn)*

c) **llawn ergyd yn** .... *(Tudur Aled)*

d) **wrth lawnder, cyfraith** .... *(Dafydd ab Edmwnd)*

dd) **mae ar wyneb** .... *(Tudur Aled)*

e)   **bonfras Arglwydd o** .... *(Guto'r Glyn)*
f)   **ac yno ym medw** .... *(anhysbys)*

CESEILIO

Mae'r gynghanedd hon o waith Tudur Aled yn haeddu sylw manylach. Gadewch inni ei dadelfennu gyda'n gilydd:

Aberc:**On**-wy/barc g:**WIn**-wydd

b rc: n-   /b rc g: n-   (dd)

Cynghanedd Groes Gytbwys Ddiacen ydyw. Ond na, arhoswch am funud – a oes 'na enghraifft o dwyll gynghanedd yma? Mae'r gytsain **g** wedi gwthio'i hun i'r ail hanner ac nid yw'n cael ei chyfateb yn yr hanner cyntaf. Dywedwch y llinell yn uchel eto – 'Aberconwy, barc gwinwydd'. Yn rhyfedd iawn, o'i rhoi ar lafar, nid yw'r gytsain i'w chlywed. Cytsain feddal yw **g** ac yn union o'i blaen mae'r gytsain **c** ar ddiwedd y gair 'barc'. Mae'r gytsain galed wedi llyncu'r un feddal, a'r ffordd o ddweud hynny wrth drafod cerdd dafod yw ei bod wedi **ceseilio**'r gytsain feddal.

Mae cytsain galed yn diddymu cytsain feddal sy'n sownd wrthi os yw o'i blaen neu ar ei hôl – ond mae'n rhaid i hynny ddigwydd heb yr un llafariad rhyngddynt. Mae'r chwe chytsain galed

c ff ll p t th

yn ceseilio'r chwe chytsain feddal

g f l b d dd

Dyma dabl yn dangos y cyfuniadau posibl wrth geseilio:

c/g	g/c	=	c
ff/f	f/ff	=	ff
ll/l	l/ll	=	ll
p/b	b/p	=	p
t/d	d/t	=	t
th/dd	dd/th	=	th

Mae enghreifftiau o hyn i'w clywed ar lafar, debyg iawn. Moelwch eich clustiau a gwrandewch yn astud:

wrth ddweud = wrth (dd)weud
pob peth = po(b)peth
prif ffordd = pri(f)ffordd
cic gas = cic (g)as
at dân = at (d)ân

Rhaid cofio serch hynny nad yw w gytsain ar ddechrau gair yn gwahanu'r ceseilio.

holl wlad = holl (wl)ad

YMARFERIAD 11

Pa gytseiniaid sy'n cael eu ceseilio yn y llinellau a ganlyn:

a) *mwyalchod teg ym mylch ton* (Dafydd ap Gwilym)
b) *praff fonedd pur a ffyniant* (o lyfr Simwnt Fychan)
c) *cawn 'i lliw fel cannwyll las* (o lyfr Edmwnd Prys)
ch) *os cariad ymysg ceraint* (Wiliam Llŷn)
d) *fy enaid teg, fy un twyll* (Lewys Glyn Cothi)

Gwers 5

CWPLED

Erbyn hyn, rydym wedi clywed am gynganeddion Croes a Thraws Cytbwys Acennog a Chytbwys Diacen. I'n hatgoffa ein hunain, dyma enghraifft o Groes Gytbwys Acennog ar batrwm y llinellau 'dau a dwy':

> dau ddyn stowt, dwy ddeunaw stôn

A dyma enghraifft o Groes Gytbwys Ddiacen ar yr un patrwm:

> dau ifanc a dwy afon

Rhowch y ddwy at ei gilydd i weld beth fyddai'n digwydd:

> dau ddyn stowt, dwy ddeunaw stôn
> dau ifanc a dwy afon

Mae'n nhw'n rhedeg yn esmwyth iawn. Mewn gwirionedd, maen nhw'n ffurfio **cwpled o gywydd**. Sylwch ar y ddwy brifodl yn y llinellau hyn: **stôn/afon**. Maen nhw'n odli. Dwy linell yn odli yw cwpled ond er mwyn llunio cwpled o gywydd rhaid cael dwy linell seithsill gyda chynghanedd lawn ym mhob llinell. Ar ben hynny rhaid i'r naill linell ddiweddu'n acennog a'r llall yn ddiacen. Nid oes wahaniaeth pa un sy'n dod gyntaf.

Beth am fynd ati i newid y llinell olaf? Yn lle 'dau ifanc a dwy afon', fedrwch chi gynnig llinell arall? Mae'n rhaid i'r gair olaf yn y llinell fod yn ddiacen ac odli â **stôn**. Beth am 'dwy wirion'? Mi allwn lunio llinell fel 'dau Arab a dwy wirion' neu 'dau oriog a dwy wirion'. Pa eiriau eraill sy'n odli? Yna ewch ati i gwblhau'r gynghanedd a llunio cwpled o gywydd. Wrth gyfansoddi, mae'n rhaid cychwyn yn y diwedd a gweithio yn ôl weithiau!

Mesur byr iawn yw cwpled o gywydd, ond bydd y cywyddwyr yn eu rhaffu gan lunio penillion maith sy'n cynnwys nifer helaeth o gwpledi. Byddant hefyd yn gofalu amrywio'r patrwm acennu — er enghraifft, mae Dafydd Nanmor yn rhoi'r llinell acennog yn gyntaf mewn dau o'r cwpledi isod ond yna mae'r llinell ddiacen yn gyntaf yn y nesaf. Sôn amdano'i hun yn caru â merch arbennig yn ystod mis Mai y mae:

Gwylio hon mewn gwely haf
bedeirnos, â bedw arnaf.
Ysgrifennu â du yn deg
gair mwyn ar gwr ei maneg.
Ni thorrais un llythyren
o bin ac inc heb enw Gwen.

haf/arnaf yna deg/maneg ond wedyn llythyren/Gwen

YMARFERIAD 1

Ceisiwch lenwi'r bylchau yn y llinellau canlynol er mwyn cwblhau'r gynghanedd a hefyd er mwyn creu cwpledi o gywydd:

a) *dau fodur a dwy ....*
   dau farch chwim a dwy .... wen

b) *dau .... a dwy fendith*
   dau walch aur a dwy ....

c) *dau heb .... a dwy heb ....*
   dau .... a dwy feiro

ch) *dau ddi-............... a dwy ddi-wên*
    dau gysgod a dwy ....

d) *dau gybydd a dwy ....*
   ....

dd) *dau hen feic a dwy ....*
    ....

DDOE A HEDDIW

Patrwm arall sy'n cael ei ddefnyddio'n aml gan y beirdd er mwyn creu gwrthgyferbyniad trawiadol o fewn un llinell fer yw'r un a welir yn y llinellau a ganlyn:

ddoe'n fud a heddiw'n ei fedd *(Lewys Morgannwg i Tudur Aled)*
ddoe yn falch a heddiw'n fud *(Wiliam Llŷn)*

Mae'r patrwm ddoe/heddiw yn un addas i gyfleu'r newid sydd wedi digwydd gyda threigl amser megis rhwng bod yn fyw a bo dyn farw fel uchod. Gellir ei ddefnyddio i wrthgyferbynnu dau gyfnod yn hanes adeilad — llys pwysig yn ei ddydd bellach yn adfail:

ddoe'n lle gwych, heddiw'n lle gwag
ddoe'n lluniaidd, heddiw'n llanast

Neu gall y patrwm hwn gyfleu'r gwahaniaeth rhwng ieuenctid a henaint:

ddoe'n heini, heddiw'n henoed
ddoe mewn hwyl, heddiw mewn oed

Mae'r ddwy linell uchod yn digwydd odli; mae'r naill yn diweddu'n ddiacen a'r llall yn diweddu'n acennog, felly dyna gwpled o gywydd. Mae hwn yn batrwm hwylus i'w ddynwared i lunio cwpledi arno.

YMARFERIAD 2

Llenwch y bylchau i gwblhau'r cwpledi canlynol:

a) *ifanc/hen*
   ddoe'n ...., heddiw'n araf,
   ddoe yn glws a heddiw'n ....

b) *byw/marw*
   ddoe'n gyrru, heddiw'n ....
   ddoe yn ...., heddiw'n ei hedd

c) *harddwch/adfeilion*
   ddoe'n gywrain, heddiw'n ....
   ddoe'n ...., heddiw'n ddi-do

ch) *colli cryfder*
ddoe'n ddwylath, heddiw'n ....
ddoe yn hardd a heddiw'n ....

d) *cwblhewch y cwpled hwn eich hunan:*
ddoe'n gawraidd, heddiw'n ....
ddoe .... heddiw ....

dd) *a hwn:*
ddoe'n .... heddiw'n ....
ddoe .... heddiw ....

LLEOLIAD YR ORFFWYSFA

Yn y cynganeddion Croes a Thraws yr ydym wedi'u hastudio hyd yn hyn, rydym wedi sylwi bod lleoliad yr orffwysfa yn amrywio yn fawr. Mewn cynghanedd Draws Fantach, er enghraifft, gall ddisgyn ar y sillaf cyntaf un:

        cas gan grefyddwyr y côr *(Siôn Cent)*

neu mewn cynghanedd Draws syml arall, ar yr ail sillaf:

        un mab oedd degan i mi *(Lewys Glyn Cothi)*

Dyma un lle mae'r orffwysfa yn disgyn ar y drydedd sillaf:

        wylo'r nos lawer a wnaf *(Guto'r Glyn)*

ac un lle mae ar y bedwaredd sillaf:

        a galw gwŷr i gael gwin *(Llywelyn Goch ap Meurig Hen)*

Mewn llinellau o gynganeddion Croes neu Draws Cytbwys Acennog, dyna'r sillaf eithaf y caniateir rhoi'r orffwysfa arni. Pe cymerwn un o'r llinellau 'ddoe/heddiw' uchod a'i newid fel hyn:

        heddiw yn ei hedd, ddoe'n wyllt

Mae'r orffwysfa ar y bumed sillaf yn y fersiwn hon ac o'i hadrodd yn uchel mae'n amlwg ei bod yn swnio'n drwsgl iawn. Mae'r orffwysfa wedi'i gosod yn rhy agos at ddiwedd y llinell ac mae'n

bendrom. Enw'r bai ar hyn yw **camosodiad gorffwysfa**. Mewn llinell gytbwys ddiacen, ni chaiff sillaf acennog yr orffwysfa fod ymhellach na'r drydedd sillaf. Fel hyn:

am y m**AE**nfur/â meinferch *(Dafydd ap Gwilym)*

Gellir rhoi'r orffwysfa o flaen y bedwaredd sillaf, wrth gwrs. Dyma un yn diweddu ar y drydedd sillaf:

y blaned heb lawenydd *(Gutun Owain)*

ac un yn gorffen ar yr ail sillaf:

draenog yn ymdroi ynof *(Gutun Owain* am boenau serch)

CYNGHANEDD ANGHYTBWYS DDISGYNEDIG

Gadewch inni ddadelfennu'r llinell enwog hon gan J. Rhys Daniels i'r 'blewyn' wrth iddo heneiddio:

ddoe yn aur, heddiw'n arian

Mae'r orffwysfa ar y drydedd sillaf ac mae'r gyfatebiaeth gytseiniol yn gyflawn:

ddoe yn **AU**r/heddiw'n **A**rian

dd   n   r/   dd   n   r (n)

Mae'r prifacenion ar aur/arian ac mae'r cytseiniaid o flaen ac ar ôl yr acen yn cadw i'r un patrwm **n:r**. Ond sut fath o gynghanedd ydyw? Mae **arian** yn diweddu'n ddiacen ond gair acennog yw **aur**. Fel y dywed y pennawd i'r rhan hon o'r wers, mae'r acenion yn **anghytbwys**. Mae'r orffwysfa yn acennog, yn cario pwysau cryf ond mae'r brifodl yn gorffen gyda sillaf diacen ac yn wan ei phwysau. Mae'r acen yn **disgyn** felly o'r acen gref i'r acen wan a gelwir llinell o'r fath yn **gynghanedd Groes Anghytbwys Ddisgynedig**. Yn wahanol i gynganeddion Croes eraill, nid oes modd cyfnewid dau hanner y llinell hon. Ni chaniateir Croes Anghtbwys Ddyrchafedig pan fo'r acen olaf yn brifodl. Ni ellir dweud:

heddiw'n arian, ddoe yn aur

Ni chaniateir lleoliad yr orffwysfa i fod ymhellach na'r **drydedd** sillaf yn y math hwn o gynghanedd. Byddai'n anghywir ei lleoli ar y bedwaredd sillaf fel hyn:

>heddiw yn aur, ddoe'n arian

Byddai hynny'n dod ag acenion yr orffwysfa o'r brifodl yn rhy agos at ei gilydd gan ddrysu'r rhythm.

Fel arfer, nid yw'r cytseiniaid sy'n dod ar ôl yr acen mewn sillaf acennog yn yr orffwysfa yn cael eu hateb ar ôl yr acen yn y brifodl. Dyna'r drefn gyda chynganeddion cytbwys acennog:

>egin g:**WAE**d/t'wysogion g:**Y**nt *(Gutun Owain)*
>g n g: (d)/   g n g: (nt)

Ond gyda'r cynganeddion anghytbwys disgynedig, mae'n rhaid ateb y cytseiniaid ar ôl yr acen yn yr orffwysfa er mwyn cael cynghanedd gyflawn.

>a chais :**U**n/o'i chus:**A**nau *(Dafydd ap Gwilym)*
>ch s : n/   ch s: n

>yml:**AE**n/am ei el:**Y**nion *(Iolo Goch)*
>ml: n/ m   l: n (n)

>merch a g:**WŶ**r/march a g:**A**rai *(Gutun Owain)*
>m rch   g: r/m rch   g: r

Mae'r un egwyddor yn union mewn cynghanedd Draws Anghytbwys Ddisgynedig megis hon gan Gruffudd Hiraethog yn disgrifio meini melin:

>gan dd:**Ŵ**r/a'i try'n gyndd:**EI**riawg
>g n dd: r/   g ndd: r   (g)

Os yw'r sillaf acennog yn yr orffwysfa yn diweddu heb gytsain, yna rhaid cael cyfatebiaeth lafarog ar ddiwedd y goben yn y brifodl yn ogystal:

>gwir :**YW**,/lle bo gwŷr :**IEU**anc
>g r :   /   g   r :   - (nc)

Rhaid ateb llafariaid ar yr acen, neu **gytsain sero** fel y'i galwyd gennym, gyda llafariaid ar yr acen.

YMARFERIAD 3
Dadelfennwch y llinellau anghytbwys disgynedig hyn:
a) **Duw a ŵyr y daw erof** *(Madog Benfras)*
b) **cain ei llun, cannwyll Wynedd** *(Llywelyn Goch ap Meurig Hen)*
c) **mae nos am y Waun Isaf** *(Gutun Owain)*
ch) **eryr yw ar wŷr ieuanc** *(Guto'r Glyn)*
d) **arian da a wrandewir** *(Iorwerth Fynglwyd)*
dd) **hyd yn hyn dyna'i hanes** *(Gruffudd Hiraethog)*

CRYCH A LLYFN
Yn y gynghanedd hon eto, rhaid gochel rhag y bai crych a llyfn. Mae **gwers** yn yr orffwysfa yn cynganeddu â **gorsaf** yn y brifodl ond nid yw **gwres/gorsaf** yn cynganeddu — er mai'r un cytseiniaid sydd yn y sillaf acennog, **g r s**, mae'r acen ei hunan yn eu gwahanu mewn trefn wahanol:

```
        gwr:Es      g:WErsyll
         g r: s     g:   rs  (ll)
```

Dyna grych a llyfn.

YMARFERIAD 4
Mae naill ai a) neu b) yn cynganeddu'n gywir â'r gair cyntaf. Pa un yw'r crych a llyfn. Chwiliwch am ddau air diacen arall sy'n cynganeddu'n gywir â'r un cyntaf.

CROEN a) *crino;* b) *carnedd;* c) .... ch) ....
TRÊN a) *turnio;* b) *taranu;* c) .... ch) ....
PAST a) *postio;* b) *peseta;* c) .... ch) ....
TRWY a) *trowynt;* b) *taro;* c) .... ch) ....
BROWN a) *brwynog;* b) *barnu;* c) .... ch) ....

PROEST I'R ODL MEWN CYNGHANEDD ANGHYTBWYS
Nid yw'r bai proest i'r odl yn digwydd mewn llinell anghytbwys ddisgynedig gan fod y cytseiniaid ar ddiwedd yr orffwysfa eisoes

wedi'u hateb rhwng y goben a'r sillaf ddiacen yn y brifodl. Er bod **bron** a **brenin** yn proestio, nid ydynt yn euog o'r bai proest i'r odl o'u defnyddio mewn cynghanedd anghytbwys ddisgynedig. Ar y llaw arall, rhaid gochel rhag gormod odl yn y gynghanedd hon yr un fath â'r rhai blaenorol. Byddai **brin/brenin** yn creu gormod o sŵn tebyg o fewn yr un llinell ac yn dioddef o'r bai gormod odl.

YMARFERIAD 5

Mae naill ai a) neu b) yn creu gormod odl gyda'r gair cyntaf. Pa un?

Chwiliwch am eiriau acennog eraill i gynganeddu'n gywir â'r un cyntaf.

ENWYN a) hyn; b) hon; c) .... ch) ....
CEIDWAD a) coed; b) cad; c) .... ch) ....
EHEDIAD a) had; b) hud; c) .... ch) ....
SWNYN a) syn; b) sain; c) .... ch) ....

ENWAU LLEOEDD

Defnyddiodd yr hen gywyddwyr y gynghanedd anghytbwys ddisgynedig yn helaeth hefyd. Mae rhywbeth yn swynol tu hwnt ynddi — ac yn arbennig felly wrth gynganeddu enwau lleoedd arni. Wrth ddisgrifio achau teulu bonedd o Ddyffryn Clwyd, dywedodd Tudur Aled ei fod yn gweld hynafiaid y teulu hwnnw fel coed yn gwarchod y fro. Mae'r dweud yn creu darlun sy'n cyffroi'r dychymyg o'i roi mewn cwpled o gynghanedd fel hyn:

Mae gwaed da lle maged dyn
mal yn goed am Langedwyn

Hen ffurf ar 'fel' yw mal. Dadelfennwch y llinell olaf gyda mi:

mal yn g:**OE**d/am Lang:**E**dwyn

m l n g: d/ m L ng: d   (n)

Mae'n gynghanedd gywrain iawn ac yn apelio'n gryf at y glust.

YMARFERIAD 6

Pa un o'r enwau lleoedd sy'n cwblhau'r cynganeddion anghytbwys disgynedig hyn?

a) **gynt a gawn, Gwent a .... (Guto'r Glyn)**
   (Garnant, Gwynedd, Garmon, Chonwy)

b) **i'r tai yng nghwr y .... (Dafydd Nanmor)**
   (Tywyn, Teifi, Tafwys, Tregaron)

c) **och ŵr, a dos .... (Dafydd ap Gwilym)**
   (Aber-erch, Uwchmynydd, Gwm Corrwg, Uwch Aeron)

ch) **llew'r .... a lloer o Wynedd** (Tudur Aled)
   (Llan, Nant, Waun, Ynys)

d) **tir âr y gwnant .... (Guto'r Glyn)**
   (Eryri, Dredegar, Yr Oerddrws, Iwerydd)

Mae nifer o enwau lleoedd yng Nghymru yn cynganeddu â'i gilydd

 e.e. Rhyd-y-meirch a Rhyd-y-mwyn
   O Dan-y-bwlch i Dy'n Bont
   Llangynin a Llangennech
   Llyn Dulyn a Llandeilo
   Llwyngwril a Llangorwen
   Rhosili a Rhoshelyg

YMARFERIAD 7

o Lwyn-onn i Lanwnnog

meddai Guto'r Glyn unwaith, gan gynnig patrwm hwylus i ninnau ei ddynwared. Mae 'na enwau lleoedd ar goll yn y llinellau hyn — dewiswch yr un cywir i greu cynganeddion anghytbwys disgynedig:

a) *o Gaerhun i ....*
   (Gaernarfon, Gaer-dydd, Gae'r onnen, Gaerau)

b) *o .... i Lanfarian*
   (Lan-faes, Lan-fair, Lanfynach, Lanfor)

c) .... *a Rhydfelen*
   (*Rhyd-y-fro, Rhydlafar, Rhydyfelin, Rhyd-y-foel*)
ch) *o Ben-coed i* ....
   (*Bontcanna, Bencarreg, Ben-y-crug, Bencader*)
d) *o* .... *i Lwyndafydd*
   (*Landyfaelog, Landyfân, Landaf, Landefalle*)
dd) *o* .... *i Lanrhystud*
   (*Lanrwst, Lanrhos, Lansadwrn, Lanrug*)

YMARFERIAD 8

Ceisiwch lunio gynganeddion Croes neu Draws Cytbwys Acennog sy'n odli â'r llinellau uchod er mwyn creu cwpledi o gywydd.

e.e. i ateb y llinell o **Gaerhun i Gae'r onnen** rhaid cael sillaf acennog sy'n odli ag **onnen**.

Beth am **hen, gwên, clên, trên, gên, brên, siampên, ystên, eroplên, llên?**

Neu beth am ddefnyddio'r llafariad byr — y llafariad trwm — gan fod y naill neu'r llall yn odli'n gywir â gair sy'n diweddu'n ddiacen fel **onnen**:
pren, llen, cen, nen, pen, Amén, gwen, sen.

Wel, mae 'na hen ddigon o ddewis yn y fan yna! Beth am roi cynnig ar un ohonyn nhw:

Rhoi y plant ar eroplên
o Gaerhun i Gae'r onnen.

neu beth am:

O Gaerhun i Gae'r onnen
y mae pawb am gael siampên.

Mae llawer mwy i'w canfod yno. Ewch ati. Yna ymlaen i'r llinellau 6b—6d.

Gwers 6

Y GYNGHANEDD LUSG

Dyma adael y cynganeddion sy'n dibynnu ar gytseinedd a throi at gynghanedd sy'n cael ei llunio ar sail odl yn unig y tro hwn. Gwrandewch ar y llinell hon o waith Dafydd ap Gwilym:

> taw â'th sôn, gad fi'n llonydd

Gwrandewch arni'n ofalus. Oes 'na sŵn cytseiniaid yn clecian ynddi? Nac oes, go brin — mae'r llinell yn rhannu'n naturiol yn ddwy ran fel hyn:

> taw â'th sôn,/gad fi'n llonydd

ond 'does dim math o batrwm ailadrodd yr un cytseiniaid o flaen y prifacenion. O wrando'n astud eto, sylwch ar y sain debyg rhwng yr orffwysfa a'r acen drom yn y brifodl:

> taw â'th s**ÔN**,/gad fi'n ll**ON**ydd

Mae sôn/llon-ydd yn odli â'i gilydd a dyna'r cyfan sy'n creu cynghanedd Lusg. O lusgo dipyn ar y sillafu wrth ei hynganu, mae modd clywed y gynghanedd hon yn well.

Dyma fanylu ychydig ar ofynion y gynghanedd Lusg. Mae'n rhaid cael gair diacen ar gyfer y brifodl. Dadelfennwch y ddwy linell isod:

> mae gwên yn rhoi llawenydd
>
> mae gwên yn ein llawenhau

Mae **llawenydd**, sef y brifodl, yn air diacen gyda'r acen drom ar y goben (sef y sillaf olaf ond un: llaw**EN**ydd. Mae'r orffwysfa yn disgyn ar y gair **gwên** ac mae sillaf olaf yr orffwysfa yn odli â'r goben yn y brifodl: gw**ÊN**/llaw**en**ydd. Mae'n enghraifft gywir o gynghanedd Lusg felly. Ond dywedwch yr ail linell yn uchel eto. Gadewch inni wrando'n astud ar y gair olaf yna: llawenhau. Ar ba sillaf y mae'r acen drom yn disgyn? Llawen:**HAU** ddwedwn ni yntê? Mae'r sillaf olaf yn cario'r acen drom, felly mae'n air acennog. Y sillaf olaf ond un yn y gair hwn yw lla-**WEN**-hau. Mae'r sillaf honno'n ailadrodd yr un sain ag a geir yn y sillaf olaf ar ddiwedd yr orffwysfa ond nid yw'r odl yn cyrraedd ein clustiau am nad oes acen drom arni. Mae'r acen ar y sillaf olaf un a **HAU** yw'r sain sy'n eglur i'r glust. Nid yw hon yn gweithio fel cynghanedd Lusg oherwydd hynny ac mae'n cael ei gwahardd gan reolau cerdd dafod.

YMARFERIAD 1

Mae gwên yn air acennog. Pa eiriau acennog eraill fedrwn ni eu defnyddio yn yr orffwysfa i greu cynghanedd Lusg pan fo **llawenydd** *yn brifodl?*

Ond nid oes rhaid i'r gair sy'n ffurfio'r orffwysfa fod yn air acennog. Os defnyddir gair diacen yno, serch hynny, mae'n ofynnol mai sillaf olaf y gair hwnnw a ddefnyddir i odli â goben y brifodl:

daw heulw**EN** â llaw**EN**ydd

YMARFERIAD 2

Rhestrwch eiriau diacen eraill y byddai'n bosibl eu defnyddio yn yr orffwysfa er mwyn creu cynghanedd Lusg pan fo **llawenydd** *yn brifodl.*

Yn wahanol i'r cynganeddion Croes a Thraws, nid oes wahaniaeth ym mhle y gosodir yr orffwysfa mewn cynghanedd Lusg — gall fod ar sillaf gyntaf y llinell neu ar yr un olaf un cyn goben y brifodl. Dyma amrywio dipyn ar linell Dafydd ap Gwilym:

s**ÔN** y cawn innau l**ON**ydd
rwy'n s**ÔN** am geisio ll**ON**ydd
taw â'th s**ÔN**, gad fi'n ll**ON**ydd
wedi'r holl s**ÔN**, caf l**ON**ydd
ac wedi'r holl s**ÔN**, ll**ON**ydd

Mae'r llinellau hyn i gyd yn gywir. Ond rhaid sicrhau, fodd bynnag, fod rhythm naturiol y llinell yn golygu fod yr orffwysfa yn disgyn yn naturiol ac yn gyfforddus ar y sillaf sy'n cynnal yr odl. Chwithig, ac o'r herwydd, anghywir, yw llinellau fel hyn:

sôn **WYF** am geisio ll**ON**ydd
rwy'n sôn et**O** am l**ONYDD**

O gadw hynny mewn cof, mae'n gynghanedd syml iawn i'w chreu — mor syml nes ei bod yn swnio'n ddamweiniol ar brydiau. Dyma ichi ychydig enghreifftiau o linellau sy'n rhedeg yn naturiol dros ben:

> minnau mewn bedd a gleddir *(anhysbys)*
> rhy isel fydd ei wely *(Siôn Cent)*
> rhyfel meibion Llywelyn *(Guto'r Glyn)*
> y mae merched y gwledydd *(Ieuan Du'r Bilwg)*
> y ferch dawel wallt felen *(anhysbys)*
> un galon, un haelioni *(Gutun Owain)*
> mi af o Wynedd heddiw *(Llywelyn Goch ap Meurig Hen)*

Gan ei bod mor ddirodres, mae tuedd i rai beirdd ar hyd y canrifoedd wfftio ati braidd. Cynghanedd i ddysgwyr ydi hi, medden nhw, nid cynghanedd i feistri crefft sy'n medru clecian ei hochr hi yn y caeth. Nid yw hynny'n deg, fodd bynnag, ac mae gan y gynghanedd Lusg ei lle a'i llais ei hunan. Gall ei symlder fod yn brydferth iawn ar brydiau ond gan ei bod yn 'llusgo'r' rhythm, mae eisiau gofal rhag ei gorddefnyddio.

Ystyriwch yr enghraifft olaf uchod. Llinell o gywydd Marwnad Lleucu Llwyd ydyw gan fardd a oedd, yn fwy na thebyg, yn gariad i'r ferch. Mae'r odl Gwyn**EDD**/h**EDD**iw yn cael ei defnyddio ddwywaith ganddo yn y cywydd. Ar ddechrau'r gerdd, mae'n disgrifio'r golled yn y dalaith ar ôl prydferthwch glân y ferch:

> nid oes yng Ngwynedd heddiw
> na lloer, na llewyrch, na lliw

ac yna, ynghanol y cywydd, daw'r llinell "mi af o Wynedd heddiw". Deffro adlais a wna odlau mewn cynghanedd Lusg — y goben yn y brifodl yn adleisio'r orffwysfa ac mae modd cynyddu'r adlais o ddefnydd cynnil o'r gynghanedd fel yng nghywydd Lleucu Llwyd.

Mae gan Dafydd Nanmor gwpled enwog:

> Os marw hon yn Is Conwy,
> ni ddylai Mai ddeilio mwy.

Cwpled sy'n dechrau gyda chynghanedd Lusg yw hwnnw. Cwpled sy'n rhan o gywydd yn galaru ar ôl merch. Y mae'r golled ar ei hôl hi cymaint, medd y bardd, nes ei fod yn teimlo mai oferedd a gwastraff yw rhialtwch y gwanwyn yn y coed hyd yn oed. Dyma enghraifft dda arall o'r modd y mae cynghanedd syml ei gwneuthuriad yn medru cario teimladau dyfnion iawn.

Mae gan Guto'r Glyn yntau gywydd marwnad i Llywelyn ab y Moel, bardd a milwr yn rhyfeloedd Glyndŵr a fu'n byw ar herw yng nghreigiau Powys ar ôl hynny. Mae'n cychwyn yn syml drwy enwi'r abaty lle gorwedd y corff. Eto mae rhywbeth yn ddramatig, yn ysgytwol yn y geiriau hyn sy'n cyplysu angau un gŵr gyda'r un lle hwn yn dragywydd:

> mae arch yn Ystrad Marchell

YMARFERIAD 3

Unwaith eto mae defnyddio enwau lleoedd, fel Gwynedd, Ystrad Marchell ac Is Conwy, yn ffordd hwylus i ddysgu elfennau'r gynghanedd Lusg. Pa eiriau a ellid eu defnyddio fel gorffwysfa os mai'r isod sydd yn y brifodl? Cofiwch feddwl am eiriau acennog a diacen.

a) (acennog) .... *Colorado*
    (diacen) .... *Colorado*
b) (acennog) .... *Dacca*
    (diacen) .... *Dacca*
c) (acennog) .... *El Paso*
    (diacen) .... *El Paso*
ch) (acennog) ....*Patagonia*
    (diacen) ....*Patagonia*
d) (acennog) .... *Pwllheli*
    (diacen) .... *Pwllheli*
dd) (acennog) .... *Zürich*
    (diacen) .... *Zürich*

YMARFERIAD 4

Mae rhai enwau lleoedd sy'n diweddu'n acennog. Mae'n amhosibl defnyddio'r rhain fel prifodl ond er hynny gallwn eu defnyddio yn yr orffwysfa. Meddyliwch am eiriau sydd â'u sillafau goben yn odli â'r rhain er mwyn creu fframwaith i gynganeddion Llusg.

a) *Inverness* ....
b) *Japan* ....
c) *Sansibâr* ....
ch) *Penarth* ....
d) *Tirol* ....
dd) *Singapôr* ....

ODL LAFAROG MEWN LLUSG

Wrth drafod y cynganeddion Traws a Chroes, gwelsom sut mae'r acen yn y goben yn disgyn ar sillaf sy'n diweddu â llafariaid mewn geiriau megis:

rŵ-an, du-on, bro-ydd, new-ydd, e-os, aw-el

Er mwyn creu odl berffaith ac felly greu cynghanedd Lusg gyda'r rhain yn brifodl, rhaid i'r sillaf olaf yn y goben orffen gyda'r un llafariaid megis y llinell hon gan Gutun Owain:

myfI a ŵyr ysbIo

YMARFERIAD 5

Rhestrwch eiriau y gallwn eu defnyddio fel prifodl er mwyn creu cynganeddion Llusg pe rhoddid yr enwau lleoedd a ganlyn yn yr orffwysfa:

a) *Timbyctŵ* ....
b) *Santa Fé* ....
c) *Tre-lew* ....
ch) *Delhi* ....

d) Morocco..

dd) Aberffraw ....

Ceisiwch ddefnyddio parau o eiriau yn ymarferiadau 3-5 i lunio llinellau cyflawn o gynganeddion Llusg seithsill.

Y GYNGHANEDD LUSG MEWN CYWYDD

Daw'r llinell 'myfi a ŵyr ysbïo' o gywydd Gutun Owain 'Golwg ar ei Gariad' lle mae'r bardd yn cyfaddef ei fod yn taflu cipedrychiad slei ar ei gariad. Er ei fod yn gwadu hynny yn gyhoeddus, hi sy'n denu ei lygad ac mae'n fodlon rhoi edrychiad cudd arni, er ei fod yn gwybod ei fod yn pechu. Dyma'r math o olwg a roddai Dafydd ap Gwilym ar Dyddgu; yr olwg sydd yn llygaid cariadon; yr olwg sy'n llygad yr aderyn ysglyfaethus wrth weld ei brae, yr olwg sy'n tanio canhwyllau lleidr pan wêl nwyddau mewn siop a'r olwg yn llygaid carcharor wrth weld heulwen rhwng barrau drws ei gell. Dyna ichi ddweud go gryf — ond gwrandewch ar y gwreiddiol a chwiliwch am y cynganeddion Llusg sydd yn y darn hwn:

Myfi a ŵyr ysbïo
ar y drem bob cyfryw dro.
Edrych arnad, cyd gwadaf,
dan gêl yng ngŵydd dyn a gaf:
un edrychiad pechadur
ar nef cyn goddef ei gur;
golwg Dafydd ap Gwilym
o gwr ael ar Ddyddgu rym;
golwg mab ar ddirgeloed,
golwg gwalch ar geiliog coed;
golwg lleidr dan ei 'neidrwydd
ar dlysau siopau yw'r swydd;
golwg hygar garcharor
ar ddydd drwy gysylltau'r ddôr.

Mae pum enghraifft o gynghanedd Lusg yn y darn byr uchod — ac mae'n bur anghyffredin cael cymaint gyda'i gilydd fel rheol. Ond tybed a wnaethoch sylwi ar rywbeth arall? Ym mhob un o'r enghreifftiau uchod, mae'r gynghanedd Lusg wedi'i lleoli yn llinell gyntaf y cwpled. Gan fod pob cynghanedd Lusg yn diweddu'n ddiacen, mae'n dilyn yn naturiol felly bod ail linell y cwpledi hyn yn diweddu'n acennog. Mae hon yn rheol mewn cwpled o gywydd — os defnyddir cynghanedd Lusg, yna mae'n rhaid ei gosod fel llinell gyntaf y cwpled. **Llysiant Llusg** yw enw'r bai o leoli'r gynghanedd Lusg mewn ail linell cwpled o gywydd. Sylwch ar yr enghreifftiau canlynol o gwpledi a dadelfennwch hwy:

Dy gastell ydyw'r gelli,
derw dôl yw dy dyrau di.

(Rhan o gywydd Tudur Penllyn i Dafydd ap Siencyn yr herwr oedd yn byw yng nghoed Carreg y Gwalch yn Nantconwy. Sylwch fel y mae'r bardd yn gosod y coed a'r cadernid milwrol ochr yn ochr yn nwy linell y cywydd.)

Yn iach wên ar fy ngenau!
Yn iach chwerthin o'r min mau!

(Rhan o gywydd Lewys Glyn Cothi ar ôl colli ei fab pum mlwydd oed.)

Tripheth a gâr y barwn:
gweilchydd a chynydd a chŵn

(Y pen heliwr yw'r 'cywydd' a dyfyniad o gywydd Gutun Owain i ofyn am gŵn hela gan Hywel ap Rhys o'r Rug yn Edeirnion yw hwn.)

Dywed air mwyn â'th wyneb
o'th galon im, ni'th glyw neb.

(Dyfyniad arall o gywydd Gutun Owain, 'Golwg ar ei Gariad' yw hwn.)

Pe bai'r ddaear yn fara
neu flas dŵr fel osai da,

(Yng nghywydd Dafydd Nanmor i wledd Rhys ap Maredudd, mae'n dweud yn felys pe bai'r ddaear yn fara, neu ddŵr yn win, na fyddent yn parhau fwy na rhyw dridiau yng ngwledd Rhys gan mor hael yw'r gŵr:

Yn ei wledd, rhyfedd barhau
dŵr a daear dri diau.)

YMARFERIAD 6

Yn y cwpledi isod, mae gair sy'n llunio'r brifodl yn y gynghanedd Lusg wedi'i adael allan bob tro. Ond drwy sylwi ar yr orffwysfa yn y llinellau hyn a sylwi ar yr odl yn y llinell sy'n dilyn, dylech fedru llenwi'r bylchau.

a) *Afal pêr ac* ....
   a garai'r gwas a gro gwyn;

b) *bwa o flaen y* ....,
   cleddau digon brau o bren
   (*Dau gwpled Lewys Glyn Cothi i'w fab*)

c) *Heddiw mewn pridd yn* ....
   O'i dda nid oes iddo ddim.
   (*Siôn Cent*)

ch) *Mae i'm cefn ers* ....
    hen wayw ni ad hun y nos
    (*Guto'r Glyn*)

d) *Dwyglust feinion* ....
   dail saets wrth ei dâl y sydd.

dd) *Ei flew fel sidan* ....
    a'i rawn o liw gwawn y gwŷdd.
    (*Dau gywydd Tudur Aled i'r march*)

ODLI CYTSEINIAID CLWM

Os yw goben y brifodl yn diweddu gyda chlymiad o gytseiniad, rhaid ateb yr un clymiad yn yr orffwysfa. Nid yw'r odl hon yn gyflawn:

wedi arf**ER** â ch**ERDD**ed

ond mae'n gywir fel hyn:

gydag ang**ERDD** mae'n c**ERDD**ed

Weithiau, ffurfir geiriau cyfansawdd drwy gyfuno dau air fel hyn:

mawr a camp = mawrgamp
glas a coed = glasgoed

Dro arall, ffurfir geiriau drwy ychwanegu terfyniad sy'n dechrau â chytsain at air arall:

cerdd a gar = cerddgar
rhagfarn a llyd = rhagfarnllyd
porth a mon = porthmon

Erbyn heddiw, nid oes rhaid ateb y clymiadau cytseiniol hyn i'w pen draw ac mae'r llinellau hyn yn dderbyniol:

cyflawnodd cawr ei fawrgamp
y gŵr cadarn rhagfarnllyd

Cynghanedd Lusg Bengoll yw'r term ar gynghanedd o'r fath, ond er ei bod yn gywir, ni chaiff ei chyfrif yn llinell gref iawn.

LLUSG WYRDRO

Gwrandewch ar y gwahanol sŵn sydd i'r llafariaid yn y geiriau hyn:

aur/euraid
haul/heulwen
iaith/dwyieithog
dau/deuawd
dail/deilen

Wrth ychwanegu sillaf ddiacen atynt, mae'r sain **au** yn **aur** yn **gwyro** i'r sain **eu** yn **eu**raid, a'r sain **ai** yn d**ai**l yn **gwyro** i'r sain **ei** yn **deilen**. Ond gan mai'r un yw gwraidd y seiniau hyn, caniateir eu defnyddio fel odlau rhwng yr orffwysfa a'r brifodl mewn cynghanedd Lusg. Yr enw ar y math hon o gynghanedd yw **Llusg Wyrdro**. Dyma enghreifftiau ohoni:

lle bu **AU**r ar ei d**EU**rudd *(Gruffudd ap Maredudd)*
ni thyfodd yr **ai**l dd**EI**len *(Iolo Goch)*
brenin h**AU**l a gol**EU**loer *(Gruffudd Gryg)*
fy nads**AI**n am ŵyr **EI**nion *(Lewys Glyn Cothi)*

Mae'r seiniau'n agos er eu bod wedi'u gwyro rhywfaint.

Wrth ychwanegu sillaf ddiacen at y ddeusain **ae** o dan yr acen drom, mae sain honno'n newid rhywfaint yn ogystal e.e. gwae y gaeaf. Ond nid yw'r newid hwnnw'n ddigon i'w hatal rhag cael ei derbyn fel odl mewn cynghanedd Lusg ychwaith.

Y OLAU AC Y DYWYLL

Mae'r llafariad **y** hefyd yn cael ei gwyro wrth symud o fod mewn gair unsill i fod ar yr acen mewn un deusill neu luosill. **Y olau** neu **y glir** sydd yn y geiriau:

gwyn, byr, brys, cryg, grym

Y olau sydd yn y sillafau diacen hyn hefyd:

newyn, eryr, erys, benthyg, wrthym

Ond pan fo'r **y** ar y sillaf acennog a sillaf ddiacen yn dilyn, mae'n gwyro i fod yn **y dywyll**:

gwynion, byrrach, brysio, crygni, grymus

Ar un adeg, caniateid odli **y olau** ar ddiwedd yr orffwysfa gydag **y dywyll** yn y goben, ond erbyn heddiw mae gormod o wahaniaeth rhwng y ddwy sain i ganiatáu hynny. Byddai'n anghywir creu Llusg fel hyn:

byd gw**YN** a sêr mel**YN**ion

Oherwydd hyn, mae'n amhosibl creu llinellau o gynghanedd Lusg os oes **y dywyll** yn y goben.

ODLI Y OLAU AC U

Mae **y olau** yn debyg iawn i sain **u** bellach a does dim o'i le ar ateb y seiniau hynny i greu odl mewn cynghanedd Lusg:

mel**YS** ydyw dy g**US**an *(Ieuan Deulwyn)*

TRWM AC YSGAFN MEWN CYNGHANEDD LUSG

Mae **sôn** yn odli gyda **tôn** ond mae bai trwm ac ysgafn yn ei atal rhag odli gyda **ton** fel y gwyddoch bellach. Yn yr un modd, i glust fain y cynganeddwr, mae'r bai trwm ac ysgafn yn atal **sôn** rhag odli mewn cynghanedd Lusg gyda **tonnau** oherwydd bod y **tonn-** yn **tonnau** yn sillaf trwm.

Roedd y rheolau'n bur gaeth ynglŷn â thrwm ac ysgafn mewn cynghanedd Lusg ar un adeg, ond y duedd bellach yw dim ond osgoi odl lle bo gair acennog yn yr orffwysfa gyda'r llafariad olaf ynddo yn cario acen grom (y 'to bach') a gair yn y brifodl sydd â'i oben yn cario cytsain ddwbl — hynny yw, **n** neu **r** ddwbl. Mae'r canlynol felly i gyd yn euog o'r bai trwm ac ysgafn:

<blockquote>
ar lan y m**ôr** roedd **corr**ach
gweld golau'r s**êr** mewn **cerr**ynt
clywed c**ân** yn y **llann**au
ar y ff**ôn** mae sŵn **tonn**au
</blockquote>

Er hynny, byddai'r canlynol yn cael eu hystyried yn gywir erbyn heddiw:

<blockquote>
am eneth lon y soniaf
dacw ben dan glwyf henaint
</blockquote>

ac wrth gwrs:

<blockquote>
mae All Bran imi'n lanach
</blockquote>

LLUSG DEIRODL

Weithiau bydd tair odl o fewn yr un gynghanedd Lusg gyda'r llinell yn rhannu'n dair rhan. Bydd diwedd y rhan gyntaf a diwedd yr ail ran yn odli ac yna'n odli gyda goben y brifodl yn ôl y patrwm arferol. **Llusg Deirodl** yw hon a dyma enghraifft:

<blockquote>
a'i chlaer**WIN** f**IN** chwerth**IN**og (*Dafydd ap Gwilym*)
</blockquote>

Gwers 7

Y GYNGHANEDD SAIN

Rydym wedi sôn llawer am 'sain' geiriau o'u clymu gyda'i gilydd wrth drafod y cynganeddion. Mae cyfuniad o lafariaid a chytseiniaid yn adleisio'i gilydd yn creu odl, sy'n sain sy'n apelio at y glust; yn yr un modd mae ailadrodd dilyniant o gytseiniaid o gwmpas acenion yn creu sain ddymunol. Yn awr, dyma ni'n troi at y gynghanedd Sain ei hunan sy'n cyfuno'r ddwy elfen hon — odl a chytseinedd. Mae'n gyfuniad, felly, o nodweddion y cynganeddion eraill ond mae ei mydryddiaeth yn wahanol. Tra bo'r cynganeddion Croes, Traws a Llusg yn rhannu'n ddwy ran, mae'r gynghanedd Sain yn rhannu'n dair rhan. Gall hynny fod yn straen ar rythm naturiol mewn llinell gweddol fer o saith sillaf ac felly rhaid bod yn ofalus bod yr acennu yn gorwedd yn naturiol ar y glust a gochel rhag ei gorddefnyddio o bosibl.

SAIN GYTBWYS ACENNOG

Er mwyn sefydlu'r patrwm, byddai'n werth inni droi yn ôl i edrych ar y gynghanedd gyntaf fu dan sylw gennym sef cynghanedd Croes Gytbwys Acennog o farwnad Gruffudd ab Ieuan i Tudur Aled:

merch a gwalch a march a gŵr

Gwyddom sut mae hon yn gweithio — mae'n rhannu'n ddwy gyda'r prifacenion yn disgyn ar **gwalch** a **gŵr**. Er mwyn addasu hon yn gynghanedd Sain Gytbwys Acennog, rhaid cadw'r ddwy brifacen hon a chadw'r cytseinedd rhyngddynt. Ond yn lle ailadrodd yr un cytseiniaid sydd yn y rhan gyntaf. Yn yr ail ran, yr hyn a wneir mewn cynghanedd Sain yw creu odl fel hyn:

paun balch a gwalch ydyw'r gŵr

Fedrwch chi glywed honno? Mae'r llinell yn rhannu'n dair rhan fel hyn:

paun balch/a gwalch/ydyw'r gŵr
ALCH   ALCH
       g: g:

Mae sillaf olaf yr acen gyntaf yn odli â sillaf olaf yr ail acen: **balch/gwalch** ac mae'r gair sy'n ffurfio'r ail acen yn cynganeddu'n gytseiniol gyda'r gair sydd yn y brifodl: **gwalch/gŵr** gan fynd ar draws y cytseiniaid yn **ydyw'r**. Mae'r ddau air yn gytbwys ac acennog a'r rheiny sy'n penderfynu natur y gynghanedd Sain. Mae enwau newydd i'w dysgu ar y prifacenion hyn: y **rhagodl** yw'r brifacen gyntaf [balch]; **gorodl** yw'r ail un [gwalch] a'r **brifodl** yw'r un olaf [gŵr] yr un fath ag arfer. Dyma'r patrwm felly:

paun balch/a gwalch/ydyw'r gŵr
rhagodl   gorodl   prifodl

Gall y rhagodl fod yn acennog fel uchod neu'n ddiacen fel hyn:

llais mwyalch,/ond gwalch/yw'r gŵr

Does dim gwahaniaeth o gwbwl felly os yw'r rhagodl a'r orodl yn gytbwys o ran aceniad.

YMARFERIAD 1

Ceisiwch chwilio am eiriau a all fod yn rhagodl i'r cyfuniadau canlynol. Mae gennych ddewis o eiriau acennog neu rai diacen. A go brin bod rhaid eich atgoffa bod rhaid gochel y bai trwm ac ysgafn wrth gael hyd i odl.

Rhagodl	*Gorodl*	*Prifodl*
a)...................	*bol*	*buwch*
b)...................	*cân*	*côr*
c)...................	*dyn (heb)*	*dei*
ch)...................	*gwên (fel)*	*giât*
d)...................	*trai*	*tro*
dd)...................	*plant*	*plwyf*

Ar ôl chwilio am yr odl, adroddwch y tri gair gyda'i gilydd a byddwch yn sylwi, rwy'n siŵr, ar y cytseiniaid sy'n ateb ei gilydd ar ddechrau'r orodl a dechrau'r brifodl:

b:**Ol** b:**UW**ch
b   b

Fel gyda'r cynganeddion Croes a Thraws, does dim rhaid i'r geiriau acennog yn yr orodl a'r brifodl fod yn eiriau unsill. Gellir defnyddio geiriau deusill neu luosill sy'n diweddu'n acennog megis **gerllaw** yn y llinell hon i'r ehedydd yng nghywydd Dafydd ap Gwilym:

dos draw/hyd gerllaw/ei llys

Yn y gair 'gerllaw', mae'r acen ar y sillaf olaf:

gerll:AW/ll:ys
ll   ll

ac felly mae'n dilyn yr un patrwm acennu â bol/buwch.

Os oes clymiad o gytseiniaid yn yr orodl, rhaid eu hateb i gyd o flaen y brifodl yn ogystal. Sylwch ar y llinell olaf yn y gân werin 'Cariad Cyntaf':

> Mae prydferthwch ail i Eden
> Yn dy fynwes gynnes feinwen
> Fwyn gariadus liwus lawen,
> Seren syw, clyw di'r claf.

Syw a **clyw** yw'r rhagodl a'r orodl ac mae'r clymiad cytseiniol **cl** ar ddechrau'r orodl yn cael ei ateb gan yr un clymiad yn **claf** ar ddechrau'r brifodl.

Fel y clywsom gyda'r gynghanedd Groes a'r gynghanedd Draws, does dim rhaid i'r cytseiniaid fod yn rhan o'r union air sy'n ffurfio'r orodl — dim ond bod y gyfatebiaeth yno ac nad oes yr un gytsain arall yn torri ar draws y gynghanedd. Gellir cysylltu cytseiniaid o eiriau eraill gyda'r prifacenion o flaen yr orodl:

pob llais diwael/yn ael/nant (Dafydd ap Gwilym)
n: n:

neu o flaen y brifodl:

fel pren onn/mewn bron/heb wraidd (Wiliam Llŷn)
br: b r:

Gyda'r cytseiniaid clwm hyn eto, rhaid gochel y bai crych a llyfn. Sylwch ar y gwahaniaeth rhwng y ddwy linell hon:

> pwy a glyw y dryw'n y drain
> pwy a glyw y dryw'n ei dir

Mae **dryw/drain** yn gyfatebiaeth lawn gan fod y clymiad cytseiniol **dr** o flaen yr acen yn y ddau air. Mae **dryw/dir**, fodd bynnag, yn enghraifft o grych a llyfn gan fod yr acen yn gwahanu'r **d** a'r **r** yn dir:

d:Ir

d: r

YMARFERIAD 2

Chwiliwch am eiriau i lunio prifodl i'r parau hyn o eiriau. Cofiwch fod rhaid gochel y beiau proest i'r odl (a elwir yn **Ddybryd Sain** *mewn cynghanedd Sain) a chrych a llyfn yr un fath ag wrth lunio prifacenion y Groes a'r Draws.*

Rhagodl   **Gorodl**   **Prifodl**
a) lleisiau   sarhau   ....
b) llawn   prynhawn   ....
c) oer   lloer   ....
ch) eirlaw   glaw   ....
d) llef   tref   ....
dd) gwell   ymhell   ....

Lluniwch linellau yn cynnwys y geiriau a gawsoch gan dreiglo lle bo angen gwneud hynny.

SAIN O GYSWLLT

Fel gyda'r Groes a'r Draws, nid oes rhaid i'r cytseiniaid sy'n cael eu hateb rhwng yr orodl a'r brifodl fod yn rhan o'r gair sy'n cario'r acen ei hunan. Gallant fod yn perthyn i eiriau o flaen yr acenion hynny cyn belled mai dim ond llafariaid sy'n dod rhyngddynt a'r acen. Er enghraifft, yn yr ymarferiad uchod gellid fod wedi dewis y dull hwn o ateb y dasg gyntaf:

mae lleisiau/'n sarhau/'r rhai hyn

rh: rh:

Mae **rhai hyn** yn y brifodl yn ateb y **sarhau** yn yr orodl.

Gall y cytseiniaid sy'n cael eu defnyddio i ateb y gynghanedd fod ymhell iawn o flaen yr acen — yn wir, gallant fod yn perthyn i ran flaenorol o'r llinell. Sylwch ar y llinell hon o gywydd E.G. Hughes i Eifionydd:

> Eben Fardd, ei ardd oedd hi

Mae modd ei dadelfennu fel hyn:

> Eben Fardd,/ei ardd/oedd hi
> ARDD   ARDD
>   dd→:   dd:

Fardd yw'r rhagodl ac **ardd** yw'r orodl, ond lle mae'r gytseinedd? **Hi** yw'r brifodl ac mae'r gytsain **dd** o flaen yr acen honno. O sylwi'n fanwl gwelwn fod yr **dd** ar ddiwedd **fardd** yn cyflawni'r gyfatebiaeth gan nad oes dim un gytsain, dim ond llafariaid rhyngddi a'r acen yn **ardd**.

SAIN LAFAROG

Gellir llunio'r gynghanedd hon heb un gytsain yn cael ei chyfateb rhwng yr orodl a'r brifodl. Bydd hynny'n digwydd pan fo dechreuad llafarog (neu ddigytsain) i'r orodl a'r brifodl e.e.

> ni warafun/un/o'ch dau ŵr (*Lewys Glyn Cothi*)
>   :Un   :Ŵr

YMARFERIAD 3

Ceisiwch ganfod geiriau i greu gorodl a phontio'r gynghanedd rhwng y rhagodlau a'r prifodlau hyn.

Rhagodl	**Gorodl**	**Prifodl**
a) *derwen*	....	*haf*
b) *drwg*	....	*man*
c) *ewyn*	....	*llong*
ch) *tynnai*	....	*traeth*
d) *mae*	....	*ffrind*
dd) *helynt*	....	*gwern*

Lluniwch linellau seithsill gyda'r geiriau hyn.

SAIN GYTBWYS DDIACEN

Yn y ffurf hon ar y gynghanedd Sain, mae'r gyfatebiaeth gytseiniol rhwng yr orodl a'r brifodl yn dilyn yr un egwyddor â'r gyfatebiaeth gytseiniol rhwng yr orffwysfa a'r brifodl mewn Croes neu Draws. Mi gofiwch linell Dafydd ap Gwilym am ei drafferth mewn tafarn:

    yn tewi yn y tywyll

Pe dewisem **tewi** a **tywyll** fel gorodl a phrifodl, byddai angen rhagodl i odli â **tewi**, megis:

    tri yn tewi'n y tywyll

neu

    hipi'n tewi'n y tywyll

Yn y gân werin, 'Cariad Cyntaf', mae enghraifft o'r sain hon yn y llinell:

    Fwyn gariadus liwus lawen
      US US
     1 : - 1 : -

Yn yr enghreifftiau hyn, fel mae'n digwydd, mae trawiad yr acen ar lafariaid — **tewi/tywyll**; **liwus/lawen**. Mae modd cael cytsain neu gytseiniaid rhwng yr acen drom a'r acen ysgafn, debyg iawn, a rhaid ateb y rheiny yn llawn

    e.e. bedd/dialedd/dolur
      eto/peintio/pontydd

ODL O GYSWLLT

I fynd yn ôl at yr hipi yn yr enghraifft uchod, wrth gywasgu sillafau fel hipi + yn = hipi'n — gellir ehangu'r dewis o eiriau i greu odlau. Er enghraifft, mae **gwin** a **hipi'n** yn creu odl berffaith i'r glust. Mae hynny'n creu mwy o bosibiliadau wrth chwilio am eiriau:

    gwelir ôl geni'r gwanwyn
     IR IR

    mae'r gwawrio'n y don yn dân
      ON ON

ACEN Y RHAGODL A GEIRIAU LLUOSILL

Mewn Sain Gytbwys Ddiacen, gall y rhagodl fod yn acennog neu'n ddiacen. Gellir cael geiriau lluosill yn yr orodl a'r brifodl hefyd ond dim ond y cytseiniaid o boptu'r acen sydd rhaid eu hateb. Dadelfennwch y llinellau hyn:

gwell bedd a gorwedd gwirion *(Dafydd ap Gwilym)*
cas a chymwynas Menai *(Dafydd ap Gwilym)*
byddaf, addefaf, ddifalch *(Tudur Aled)*
Rhys ymlaen ynys Nannau *(Guto'r Glyn)*
Rhisiart aer Edwart ydoedd *(Wiliam Llŷn)*

Rydych wedi sylwi, mae'n siŵr, mai cynghanedd lafarog yw'r un olaf — mae **Edwart** ac **ydoedd** yn cychwyn yn ddigytsain. Serch hynny mae'r gytsain **d** yn digwydd ar ôl yr acen yn **Edwart** ac mewn cynghanedd Sain Gytbwys Ddiacen, mae'n rhaid ateb honno yn y brifodl.

AILADRODD I GREU ODL

Mae ailadrodd yr un gair yn medru creu sŵn hudol i'r glust a dyfnhau'r angerdd mewn barddoniaeth ac mae rhyddid i ddefnyddio'r un gair i greu dwy odl mewn cynghanedd Sain:

y mae'r dyn yn ddyn go dda

golau, golau yw'r galon

YMARFERIAD 4

Drwy ailadrodd, mae gennym odlau ar gyfer y rhagodl a'r orodl yn y tasgau hyn. Ceisiwch chwithau ganfod geiriau i lunio prifodl iddynt a chreu Sain Gytbwys Acennog:

Rhagodl   Gorodl   Prifodl

a) melyn, melyn ....
b) araf, araf ....
c) holwn, holwn ....
ch) cariad, cariad ....

d) llonydd, llonydd ....

dd) gwenyn, gwenyn ....

SAIN ANGHYTBWYS DDISGYNEDIG

Wrth astudio'r gynghanedd Groes Anghytbwys Ddisgynedig, daethom ar draws yr enghraifft hon o waith Gutun Owain:

merch a gwŷr, march a garai

Mae'r prifacenion yn disgyn ar **gwŷr/garai**, gan ofalu bod y cytseiniaid **o flaen ac ar ôl** yr acen yn y sillaf acennog yn yr orffwysfa yn cael eu hateb o flaen ac ar ôl yr acen yn y brifodl. Yr un patrwm yn union â hyn sydd i acenion yr orodl a'r brifodl mewn Sain Anghytbwys Ddisgynedig gan gwblhau'r gynghanedd drwy gael odl rhwng diwedd y rhagodl a diwedd yr orodl e.e.

angall/mal dall/a dwyllir *(anhysbys)*
ALL   ALL
d:ll   d:ll

truan/mor wan/yw'r einioes *(Tudur Aled)*
AN   AN
r : n   r : n

YMARFERIAD 5

Mae angen gair sy'n diweddu'n acennog ar gyfer yr orodl yn y llinellau a ganlyn:

| Rhagodl | Gorodl | Prifodl |

a) llyncu'r .... *a wna'r moroedd*

b) daw Elen a'i .... *gynnes*

c) dwyn i'r .... *bob llawenydd*

ch) hwythau ill .... *sy'n deall*

d) gŵyl a'i .... *ar heolydd*

dd) y mae'r .... *yn gysurus*

SAIN ANGHYTBWYS DDYRCHAFEDIG

Ni ddaethom ar draws y patrwm hwn o acennu wrth ymdrin â'r Groes a'r Draws gyffredin. Ond mae'n ffurf boblogaidd iawn ar y gynghanedd Sain — y ffurf fwyaf poblogaidd o ddigon arni ymhlith y beirdd. Dyma ychydig o enghreifftiau ichi gyfarwyddo â'i sain:

a'r byd yn hyfryd, yn haf *(Dafydd ap Gwilym)*

heb gysgu, heb garu gwin *(Dafydd Bach ap Madog Wladaidd)*

llydan ei darian a'i dir *(Gruffudd Fychan)*

gwae Wynedd gorwedd o'r gŵr *(Gruffudd Llwyd)*

sôn am hen ddynion ydd wyf *(Guto'r Glyn)*

weled na chlicied na chlo *(Iolo Goch)*

Gadewch inni ddadelfennu un ohonynt:

gwae Wynedd/gorwedd/o'r gŵr
EDD   EDD
g : r -   g : r

Mae'r odl rhwng y rhagodl a'r orodl yn cael ei chynnal gan **Wynedd/gorwedd**; mae'r orodl yn diweddu gyda sillaf ddiacen — g**O**r-wedd, ac mae'r brifodl yn taro at sillaf acennog —g:**Ŵ**r. Mae'r patrwm **g:acen:r** i'w glywed yn yr orodl ac yn y brifodl a gan fod y mydr yn codi o sillaf ddiacen i sillaf acennog, fe'i gelwir yn **Sain Anghytbwys Ddyrchafedig.**

Ond gadewch inni edrych ar batrwm un arall o'r llinellau uchod:

heb gysgu,/heb garu gwin
U   U
g : r- g : n

Mae'r odl eto'n gyflawn rhwng y rhagodl a'r orodl — **gysgu/garu** ond dim ond y gytsain o flaen yr acenion sy'n cael ei hateb rhwng yr orodl a'r brifodl — **garu/gwin**. Mae hyn yn hollol dderbyniol yn y math hwn o gynghanedd Sain — gellir dewis ateb y gytsain ar ôl y sillaf acennog neu beidio. Astudiwch batrymau'r gytseinedd yn yr enghreifftiau uchod ac mi welwch eu bod yn amrywio — mae rhai'n ateb y gytsain ar ôl yr acen a rhai'n dewis peidio â gwneud hynny. Mae'r naill a'r llall yn berffaith dderbyniol:

       hyfryd/haf
       garu/gwin
       darian/dir
       gorwedd/gŵr
       ddynion/ydd wyf
       chlicied/chlo

Ond os oes clymiad o gytseiniaid yn sownd wrth y sillaf acennog yn yr orodl e.e. **chl**icied, rhaid eu hateb yn llawn o flaen y brifodl — **chl**o, er y gellir gwneud hynny drwy ddefnyddio parau o eiriau ar batrwm **ddynion/ydd** wyf.

Os mai gair lluosill fydd yr orodl, y gytsain (neu'r clymiad o gytseiniaid) a atebir yw'r rhai yn union o flaen yr acen drom e.e. pe bai'r gair **marwolaeth** yn orodl, y gytsain **r** fyddai angen ei hateb yn y brifodl — **marwolaeth yr haf** neu **marwolaeth y wraig** neu **marwolaeth rad**. Gellid gorffen y llinell fel hyn:

    pan ddaeth/marwolaeth/yr haf
       AETH   AETH
           r: r:

Ond gellir ymestyn y gyfatebiaeth hefyd i gynnwys yr **m** yn **marwolaeth**, yn ôl egwyddor Sain o Gyswllt a chael clymiad fel hyn yn y brifodl:

    pan ddaeth/marwolaeth/fy mrawd
       AETH   AETH
        mr: mr:

Gadewch inni gydio yn llinell Dafydd ap Gwilym **a'r byd yn hyfryd, yn haf** ac edrych ar bosibiliadau'r gynghanedd hon. O ollwng y gair **haf** o'r brifodl, mae gennym y dewis o roi sillaf acennog yn dechrau gyda **h** yno, neu hepgor yr **h** a dewis ateb yr **n** yn **yn hyfryd** yn lle hynny. Mae'r rhain i gyd yn gywir:

    a'r byd/yn hyfryd/ei hwyl
       h: h:

```
a'r byd/yn hyfryd/gan haul
    h:           h:
a'r byd/yn hyfryd/i ni
    n:           n:
a'r byd yn hyfryd drwy'r nos
    n:                n:
```

Fel y gwelwch, mae cryn ddewis yn bosibl gyda'r gynghanedd hon ac nid oes ryfedd ei bod yn un mor boblogaidd gyda'r beirdd!

YMARFERIAD 6

Llenwch y bylchau i greu llinellau o Sain Anghytbwys Ddyrchafedig:

a) *araith gan y* .... *fry* (Dafydd ab Edmund)
b) *wedi Sion,* .... *y sydd* (Gutun Owain)
c) *nac ofna er Bwa* .... (Dafydd ap Gwilym)
ch) *gan fyd gwenwynllyd gwae* .... (Ieuan Tew Brydydd)
d) *saith gywydd beunydd o'i* .... (Dafydd ap Gwilym)
dd) *aur melyn am* .... *môr* (Dafydd ab Edmund — *i wallt merch*)

Mae Sain Lafarog yn digwydd yn yr aceniad hwn hefyd lle na bo cytsain o flaen yr acen yn y rhagodl na'r brifodl e.e.

```
bardd llawen yr awen wych
    :AW-e(n) :WY(ch)

gŵr unigryw ydyw ef
    :Y(d)-yw :E(f)
```

SAIN DRAWS

Mae tuedd ymysg cynganeddwyr erbyn hyn i fenthyca elfen o'r gynghanedd Draws i'r gyfatebiaeth gytseiniol mewn cynghanedd Sain, h.y. peidio ag ateb pob un cytsain o flaen yr acen yn ail hanner y gyfatebiaeth.

Mewn cynghanedd Sain Anghytbwys Ddyrchafedig, byddai modd cyfiawnhau llinell fel hon e.e.

```
bardd llawen/yr awen/gref
    r:    - (g)r:
```

Mae'r **r** o flaen **awen** yn cael ei hateb gan yr **r** sydd o flaen yr acen yn **gref**, ond mae'r gyfatebiaeth yn mynd ar draws y **g** ar ddechrau'r brifodl. Fel gyda'r gynghanedd Draws, nid oes modd hepgor cytseiniaid rhag cael eu hateb ar ddechrau'r rhan gyntaf, serch hynny. Felly os oes clymiad cytseiniol ar ddechrau'r odl, rhaid eu hateb yn llawen ar ddechrau'r brifodl. Ni wnâi hyn mo'r tro:

> bardd rhwyddach, clyfrach ei lein
> (c)l:(fr)-   l : (n)

Ac ni fyddai neb yn ymestyn y rheolau i gyfiawnhau llinell fel hon chwaith:

> bardd llawen/yr awen/ddewr
> :**AW** - (dd):**EW**(r)

Os oes cytsain sengl o flaen y brifodl pan fo honno'n acennog, rhaid ei hateb ar ddechrau'r orodl; pan fo clymiad o gytseiniaid o flaen prifodl acennog, gellir mynd ar draws un neu fwy ohonynt gan ateb cyn lleied â dim ond un o'r clymiad; pan fo'r brifodl yn llafarog, gellir llunio Sain Lafarog fel y gwelsom uchod.

Mae'r rheol rywfaint yn wahanol pan fo'r brifodl yn ddiacen mewn cynghanedd Sain. Gan fod rhaid ateb y gytsain neu'r cytseiniaid a ddaw rhwng yr acen drom a'r acen ysgafn mewn prifodl o'r fath, mae modd mynd ar draws cytsain sengl **o flaen yr acen drom** yn y rheiny e.e.

> unigryw/ydyw/Nedw
> :d-   (n):d-

> unigryw/ydyw/Medwen
> :d-   (m):d-

Dyma enghreifftiau cytbwys diacen — mae'r un egwyddor yn dal mewn anghytbwys ddisgynedig yn ogystal:

> ni roed/oed/i wên Medwyn
> :d   (m):d-

I fynd yn ôl at y brifodl acennog mewn cynghanedd Sain, mae'n debyg y byddai modd cyfiawnhau mynd ar draws cytsain o flaen yr acen mewn Sain Anghytbwys Ddyrchafedig pe atebid yr un sydd ar ôl yr acen e.e.

gŵr unigryw/ydyw/Ned
:d- (n):d

Ond yn sicr, ni fyddai modd i'r cynganeddwyr gael y gorau o ddau fyd drwy hepgor ateb y gytsain a ddaw o flaen yr acen a'r un a ddaw ar ei hôl. Anghywir hollol fyddai hon:

gŵr unigryw/ydyw/Nic
:d- (n):(c)

Ac i gloi'r wers hon ar y gynghanedd Sain, astudiwch y darn isod o gywydd gan Gutun Owain sy'n disgrifio pâr o gŵn hela. Sylwch fel y mae wedi rhoi sylw manwl i sŵn y cŵn ar drywydd eu prae. Mae'r cywydd yn canu ei hunan, yn llawn o fwrlwm yr helfa ac mae'n ddiddorol cyfri pa sawl cynghanedd Sain sydd ynddo a gweld pa fodd mae'r rheiny'n cynorthwyo i gyfleu'r sŵn a'r cynnwrf ar ein clyw ninnau:

Dau un llais ac edn y llwyn,
dau gydwedd mewn dwy gadwyn,
canu a wnânt i'r cynydd,
cael gwynt ar helynt yr hydd . . .
Ymddiddan tuag Annwn
yn naear coed a wnâi'r cŵn,
llunio'r gerdd mewn llwyni'r gog
a llunio angau llwynog.
Medran fesur y gannon,
miwsig ar eurig a rôn;
carol ar ôl yr elain,
cywydd ar yr hydd yw'r rhain.

YMARFERIAD 7

Weithiau, bydd llinell o gynghanedd yn cael ei llunio ar ôl cael gafael ar ddim ond un gair — a hwnnw yn aml, oherwydd gofynion yr odl yn y mesur, fydd y gair olaf yn y llinell — sef y brifodl. Dyma restr o brifodlau, ewch chithau ati i lunio cyngeneddion Sain yn seiliedig arnynt. Cofiwch fod gennych bedwar math o aceniad — cytbwys acennog, cytbwys diacen, anghytbwys ddisgynedig ac anghytbwys ddyrchafedig.

    rhagodl   *gorodl*   *prifodl*

....*gwên*
.... *dwylo*
....*drwg*
.... *llygoden*
.... *gaeaf*
.... *beic*

Gwers 8

SAIN O GYSWLLT

Mae'r geiriau'n llifo wrth inni siarad — i'r glust nid oes bylchau na seibiant fel arfer rhwng un gair a'r nesaf ac mae'r gynghanedd yn derbyn hynny. Mae rheolau cerdd dafod yn caniatáu cysylltu cytseiniaid un gair â gair arall er mwyn creu odl a hefyd er mwyn creu cyfatebiaeth gytseiniol. Gwelsom yn y wers flaenorol bod modd defnyddio cytseiniaid mewn geiriau oedd yn perthyn i'r un rhan fydryddol o'r gynghanedd er mwyn creu cytseinedd e.e.

        dwy fron/mor wynion/â'r od *(Dafydd ap Gwilym)*
        ON/   ON/
            r :   r :

Ond mae'r rheolau'n caniatáu inni fynd ymhellach na hynny — gellir cysylltu cytseiniaid o ddiwedd un rhan o'r gynghanedd â dechrau rhan arall er mwyn creu cyfatebiaeth. Ystyriwch y llinell hon:

        i ochel/awel/aeaf *(Dafydd ap Gwilym)*
      EL EL
      :**AW**-el :**AE**-af

Ar un olwg, Sain Lafarog ydyw a honno'n Gytbwys Ddiacen, ond o ynganu'r llinell yn uchel, mi glywch fod y gytsain **l** yn cydio yn nechrau'r gair dilynol bob tro:

        i ochel(l awel(l aeaf

Mae'r gytsain **l** yn cyflawni dwy swydd yn y llinell hon — mae'n cwblhau'r odl **el** rhwng y rhagodl a'r orodl ond mae hefyd yn cynnig cyfatebiaeth gytseiniol fel hyn:

        i ochel/lawel/laeaf
        (l : - (l : -

Mae'r gytsain yn cysylltu'i hunan â dechrau'r rhan nesaf a dyna greu Sain o Gyswllt. Cysylltir cytsain ar ddechrau un rhan â diwedd y rhan flaenorol o dro i dro er mwyn cyflawni'r odl e.e.

Dafydd ap Rhys/y sy/sant
YS   Y S)
s: s:

Mae'r **s** ar ddechrau'r brifodl **sant** wedi'i cysylltu â'r orodl **sy** er mwyn odli â'r gair **Rhys** yn y rhagodl. I'r glust, mae hyn yn berffaith dderbyniol. Gelwir odl o'r fath yn **odl gudd**.

YMARFERIAD 1
Dyma enghreifftiau eraill — dadelfennwch yr acenion a nodwch pa gytseiniaid sy'n cysylltu â dechrau'r rhan ddilynol:

a) *arglwyddes a santes oedd* (Lewys Glyn Cothi)

b) *penaethiaid yw dy daid oll* (Gwilym ab Ieuan Hen)

c) *y gwaed o'i draed a redodd* (Ieuan Brydydd Hir)

ch) *oni'th gaf, araf forwyn* (Wiliam Llŷn)

d) *a cherdd am y ddager ddu* (anhysbys)

dd) *merch fedydd ddedwydd ydwyd* (Siôn Phylip)

ODL GUDD MEWN CYNGHANEDD LUSG

Yn yr un modd yn union, gellir cael odl gudd, neu odl gysylltben, mewn cynghanedd Lusg pan fo cytseiniaid ar ddechrau'r ail ran yn cysylltu â diwedd yr orffwysfa er mwyn creu odl â'r goben yn y brifodl. Dyma enghreifftiau o'r gynghanedd Lusg o Gyswllt (a elwir weithiau'n Lusg Gysylltben):

dialwr tre/**L**ywelyn *(Ieuan ap Rhydderch)*
E L   EL

paun asgell-**l**as **d**inasdai *(Dafydd ap Gwilym)*

Gellir cael odl gudd i lunio odl lafarog yn ogystal:

y mae'r **n**e **w**edi rhewi
E W   EW

YMARFERIAD 2

Chwiliwch am eiriau i lenwi'r bylchau i gwblhau'r odl gudd yn y cynganeddion Llusg a ganlyn:

   a) mae ganddo .... *o ddoniau*

   b) fe ddawnsia .... *y garreg*

   c) ef bia .... *calon*

   ch) mewn gwlad dramor .... *gormes*

   d) mae yn ein poeni ....

   dd) mae hwn yn gartre ....

SAIN GADWYNOG

Wrth gyflwyno'r gynghanedd Sain, nodwyd bod ei mydryddiaeth yn wahanol gan fod iddi dair rhan. Nodwyd bod hynny'n galw am ofal er mwyn creu rhythm esmwyth i'r llinell yn ogystal. Mae math arall o gynghanedd Sain yn rhannu'n bedair rhan ond gan fod hynny'n rhoi straen ychwanegol ar linell seithsill, anaml iawn y'i defnyddir erbyn heddiw. Disgrifiodd Ithel Ddu y coed noethion yn y gaeaf gyda'r llinell hon:

> breichiau gwag felinau gwynt

Lle mae'r gynghanedd ynddi? Fel y dywedwyd, mae'n rhannu'n bedair rhan a dyma'r dadfeniad:

> breichiau/gwag/felinau/gwynt
>   AU   AU
>   g: g:

Mae diwedd y rhan gyntaf yn odli â diwedd y drydedd rhan **breichiau/felinau**; ar ben hynny, mae prifacenion yr ail a'r bedwaredd ran yn cytseinio: **gwag/gwynt**. Mae'r gynghanedd yn cadwyno — yn odli 1 a 3 a chytseinio 2 a 4 ac fe'i gelwir yn Sain Gadwynog. Dadfennwch yr enghreifftiau hyn:

> hael Forfudd merch fedydd Mai *(Dafydd ap Gwilym)*
> Derfel a llin Ithel llwyd *(Gutun Owain)*
> gan dant glywed moliant glân *(Dafydd ap Gwilym)*

SAIN DROSGL

Mewn Sain Anghytbwys Ddyrchafedig ceir cyfatebiaeth rhwng y cytseiniaid sy'n union o flaen y sillaf acennog yn yr orodl â'r cytseiniaid sydd o flaen yr acen yn y brifodl fel hyn:

pan ddêl Mai/â'i lifrai/las *(anhysbys)*
AI   AI
l: l:

Pan fo gair lluosill yn yr orodl, y cytseiniaid sydd o flaen yr acen nid y rhai ar ddechrau'r gair sy'n cael eu hateb:

a **bronfraith**/**ddigrifiaith**/**gref** *(Dafydd ap Gwilym)*
AITH   AITH
gr: gr:

Ond mewn Sain Drosgl, yr hyn a geir yw ateb y gytsain ar **ddechrau**'r gair yn yr orodl. Mae hyn yn drwsgl o safbwynt cytseinedd ac acen a dyna'r esboniad ar ei henw. Er hynny, mae nifer dda o enghreifftiau ohoni gan yr hen gywyddwyr ac mae defnydd iddi o hyd. Pan ddisgrifiodd Ithel Ddu goed y gaeaf eto, dyma un arall o'i ddarluniau:

ellyllon,/gweddillion/gwŷdd
ON   ON
g - :   g:

Mae'r acen yn y gair ag eithrio **gweddillion** ar y sillaf **ddill** ond nid y gytsain **dd** a atebir ond yn hytrach y gytsain **g** ar ddechrau sillaf ddiacen cyntaf y gair. Dyma enghreifftiau eraill:

am na bydd dragywydd dro *(Wiliam Llŷn)*

meibion saethyddion y serch *(Ieuan Deulwyn)*

mamaeth tywysogaeth twyll *(Dafydd ap Gwilym)*

Ar dro, wrth gwrs, nid oes cytseiniaid ar ddechrau'r sillaf acennog ac felly mae'n hollol reolaidd i ateb y cytseiniaid ar ddechrau'r gair lluosill i greu cynghanedd Sain gyffredin fel hyn:

syrthiais,/llewygais/i'r llawr *(Tudur Aled)*
AIS   AIS
ll : -   ll:

CROES O GYSWLLT

Mae lli naturiol geiriau ar y dafod yn cael ei gydnabod yn y gynghanedd Groes yn ogystal, a gellir cysylltu cytseiniaid ar ddiwedd yr orffwysfa gyda dechrau'r ail ran er mwyn creu cyfatebiaeth gyflawn.

Dyma enghraifft o hynny mewn cynghanedd Groes Gytbwys Acennog:

gosod y drwg is dy droed *(Tudur Aled)*

Mae'r orffwysfa yn disgyn ar **drwg** sy'n cael ei ateb gan y brifodl **droed** ond beth am gyfatebiaeth gweddill y llinell?

gosod y dr:wg/is dy dr:oed
g s d   dr: s d dr: (d)

Gwelwn nad yw'r gyfatebiaeth yn gyflawn oherwydd mae **g s d dr** o flaen yr orffwysfa a dim ond **s d dr** o flaen y brifacen. Ond mae'r gynghanedd yn cysylltu'r gytsain **g** ar ddiwedd **drwg** gyda'r sillaf cyntaf yn yr ail ran fel hyn:

gosod y drw/gis dy droed

Mae'r gyfatebiaeth yn bodloni'r glust oherwydd hynny a dyma'r dadelfeniad:

gosod y dr:wg/is dy dr:oed
g s d   dr: **g→g** s d dr: (d)

Mae'n digwydd mewn Croes Gytbwys Ddiacen hefyd, gan ddilyn yr un egwyddor yn union:

ar y Creawdr y crïaf (Guto'r Glyn)
r   cr: -   **r→r** cr:- (f)

Mae'r **r** ar ddiwedd **Creawdr** wedi'i chysylltu â dechrau'r ail ran.

YMARFERIAD 3

Mae'r gynghanedd Groes o Gyswllt yn llyfn a swynol iawn ar y glust. Gwrandewch ar y llinellau hyn, yna dadelfennwch hwy:

y gŵr a ddug arwydd iach (anhysbys)
am ddwyn Wiliam ddoe'n wylaw (Guto'r Glyn)

llawer yn well a rhai'n waeth (Edmwnd Prys)
dug ei enaid i ganu (Tudur Aled)

YMARFERIAD 4

Er mwyn llunio cynghanedd Groes o Gyswllt, mae angen un gair neu glymiad o eiriau sy'n cychwyn a gorffen gyda'r un gytsain. Dyma enghreifftiau acennog. Fedrwch chi gynnig atebion?

   a) ai dyma wlad ....
   b) heddiw yw'r dydd ....
   c) hogyn drwg ....

A dyma enghreifftiau diacen i'w cwblhau:

   ch) delfrydwyd ....
   d) hwyl y garol ....
   dd) diweled ....

Caniateir **n wreiddgoll** yng nghyfatebiaeth y Groes o Gyswllt fel yn llinell Wiliam Llŷn:

      nid llawen byd lle ni boch
      n) d ll   n b:d→d ll n b:

ond ni ellir cael **n ganolgoll** gan y byddai hynny yn dod yng nghanol y gyfatebiaeth e.e. gwallus yw:

      hwyl y garol yn goron
      l   g:r-l→l(n) g:r-

CROES O GYSWLLT GYMHLETH

Pan fo gair neu ymadrodd yn dechrau ac yn diweddu gyda'r un gytsain, mae'n haws, yn aml iawn, i orffen y llinell yn gynghanedd Groes o Gyswllt nac yn gynghanedd Groes syml gan fod hynny'n golygu un gytsain yn llai i'w hateb. Ond mae tuedd yn y beirdd i ymorchestu yn eu camp a chymhlethu'r gyfatebiaeth — weithiau bydd y cytseiniaid sy'n croesi'r orffwysfa yn cychwyn ar eu taith ar neu o flaen yr acen ac mae hynny'n golygu eu bod yn y gyfatebiaeth gytseiniol ddwywaith o fewn yr un llinell.

Dyma enghraifft mewn Croes Gytbwys Acennog:

   agorodd gŵr ei ddwy goes
   g r dd g:r→gr dd g: (s)

Mae'r cytseiniaid **g** ac **r** yn gŵr yn cael eu cysylltu â dechrau ail ran y llinell er mwyn cwblhau'r gyfatebiaeth. Mae'r **g** yn gŵr yn ateb yr **g** yn **goes** yn y brifodl yn ogystal — mae'r un gytsain ddwywaith yn y gyfatebiaeth felly a chynghanedd Croes o Gyswllt Gymhleth yw'r enw ar y math hwn. Gall ddigwydd yn y Groes Gytbwys Ddiacen yn ogystal.

   dawn i dynnu ei dannau
   d n d n →dn d n

Mae'n digwydd hefyd yn y Groes Anghytbwys Ddisgynedig:

   serch a rois ar chwaer Esyllt *(Tudur Aled)*
   s r ch r:s r ch r :s-
   s   s→s   s

Gan fod y cytseiniaid ar ddiwedd yr orffwysfa yn cael eu hateb ar ddiwedd y goben yn y math hwn o gynghanedd p'run bynnag, mae'r un cytseiniaid yn cael eu gweithio ddwywaith o fewn y gyfatebiaeth oherwydd hynny. Mae'r **s** ar ddiwedd **rois** yn ateb yr **s** ar ddechrau **serch** a'r s ynghanol **Esyllt**.

Nid oedd gan yr hen gywyddwyr fawr o le i'r Groes o Gyswllt Gymhleth ond rhoddodd beirdd diweddarach lawer o ffydd yn llifeiriant clywadwy ei sain. Erbyn hyn, serch hynny, nid yw mor ffasiynol.

Y GYNGHANEDD GYSYLLTBEN

Yn y gynghanedd Groes o Gyswllt, mae cytseiniaid ar ddiwedd y rhan gyntaf yn cael eu cydio wrth ddechrau'r ail hanner ond yn y gynghanedd Gysylltben, mae llythyren neu ddwy sy'n union ar ddechrau'r ail hanner yn cael eu cydio wrth ddiwedd y rhan gyntaf er mwyn cwblhau'r gyfatebiaeth. Mae'n digwydd mewn cynghanedd anghytbwys ddisgynedig e.e.

   os daw hi, nos da i'w hwyneb *(Dafydd ap Gwilym)*
   s d h:←**n**) s d h :n- (b)

Rhaid i ddiwedd yr orffwysfa fenthyca'r gytsain **n** o ddechrau'r ail hanner er mwyn ateb y cytseiniaid o gwmpas yr acen yng ngoben y brifodl — **hi'n/hwyneb**.

YMARFERIAD 5
Dadelfennwch y cynganeddion Croes a Thraws Cysylltben hyn gan nodi pa gytseiniaid sy'n cael eu benthyca:
- *a) o dda mwy ni ddymunwn (Tudur Aled)*
- *b) a phwy sydd fwy offisial (Guto'r Glyn)*
- *c) a maen perl mewn parlment (Gruffudd Hiraethog)*
- *ch) och, Dduw, ni chuddia'i wyneb (Wiliam Llŷn)*
- *d) aros maen Syr Rhys Mawnsel (Iorwerth Fynglwyd)*

Yn yr enghraifft c) mae'r gytsain **m** yn **mewn** yn cyfuno â **perl** i ateb **parlment** a hefyd yn ateb yr **m** yn **maen** ar ddechrau'r llinell. Gan fod y gytsain honno yn perthyn i ddwy ran y llinell mae'n debyg iawn i'r gynghanedd Groes o Gyswllt Gymhleth — dim ond ei bod yn gweithio o chwith!

Y GYNGHANEDD DRYCHBEN

Hyd yma, rydym wedi benthyca llythrennau o eiriau eraill am ein bod yn brin ohonynt i greu odl neu gytseinedd. Ond gall ddigwydd fel arall yn ogystal — gormodedd nid prinder sydd y tu ôl i'r **gynghanedd Drychben**. Gwrandewch ar y llinell hon gan Tudur Aled:

   a'r dyn crupl er doe'n cropian

O'i dadelfennu, gwelwn ei bod yn Groes Anghytbwys Ddisgynedig ac mae'r gyfatebiaeth fel a ganlyn:

   a'r dyn cr:upl/er doe'n cr:opian
   r d n cr:pl/ r d n cr:p-(n)

Mae'r cytseiniaid **rdncr** yn cael eu hateb o flaen yr orffwysfa ac o flaen y brifodl. Mewn cynghanedd Anghytbwys Ddisgynedig, rhaid ateb y cytseiniaid ar ôl yr acen yn ogystal, ond nid yw'r gyfatebiaeth hon yn swnio'n ddilys: **crupl/cropian**. Mae'r **l** ar ddiwedd yr orffwysfa yn amharu arni.

Yr hyn sy'n digwydd yw bod yr **l** yn cael ei thorri i ffwrdd oddi wrth ddiwedd rhan gyntaf y gynghanedd a'i chydio wrth y llafariad ar ddechrau'r gair nesaf yn ail hanner y llinell:

> a'r dyn crupl er doe'n cropian.

Caniateir hyn o dan rhai amodau — ni ellir hollti'r cyfuniadau tynn **rdd, rth, rch, rff, lch, llt, st, sb, sg, nc, mp** ac anaml yr holltir **nt**.

A dyna'r gynghanedd Drychben — cynghanedd sydd â'i phen wedi'i dorri neu'i docio ymaith. Fel rheol hefyd, dilynir yr orffwysfa gan air sy'n dechrau â llafariad mewn cynghanedd Drychben, er nad yw honno'n rheol hollol gaeth.

YMARFERIAD 6

Pa gytseiniaid sy'n cael eu gwthio drosodd i ail hanner y llinell yn y cynganeddion Drychben a ganlyn?

   a) lliw gwydr a blew llygoden (Gutun Owain)
   b) am y cwbl y mae cybydd (Gruffudd Gryg)
   c) oreu mydr o ramadeg (Dafydd ap Gwilym)
   ch) yn sicr fe gyll ei siaced (Iolo Goch)
   d) ar dy hoedl o'r Deheudir (Llywelyn Goch)
   dd) o Gaer Went i gwr Anwig (Lewys Glyn Cothi)

Fel y gwelwch, dim ond mewn rhai cyfuniadau o gytseiniaid y mae egwyddor y gynghanedd Drychben yn cael ei chaniatáu. Nid yw'r cyfuniadau hynny'n llyfn iawn ac nid yw'n hawdd eu hynganu fel y maent. Weithiau bydd llafariad ymwthiol yn dod rhyngddynt e.e. pobl>pobol, llyfr>llyfyr, talm>talwm. Dyma'r cyfuniadau lle y digwydd hynny: **br, bl, dr, dl, dn, fl, fn, fr, ffr, ffl, gr, gl, gn, ls, lm, ml, nt, pl, pr** a **tl**.

Roedd yr hen gywyddwyr yn arfer defnyddio egwyddor y gynghanedd Drychben hefyd er mwyn cael gwared â chytsain ddiangen a chreu cynghanedd gyda'r acen ar y llafariad e.e.

> sy o'r nef yn saernïaeth *(Dafydd ap Gwilym)*
> s   r n:E (n)s r n Ï:- (th)
>   →f

Er mwyn creu cynghanedd rhwng y prifacenion **ne/nïaeth**, rhaid taflu'r gytsain **f** i ddechrau ail hanner y llinell. Ni chymeradwyir y math hwn o gynghanedd Drychben erbyn heddiw.

Gwers 9

ENGLYNION

Bydd rhai weithiau'n fy stopio ar y stryd neu mewn siop ac yn tynnu sgwrs gyda mi gan ddweud — "Wyt ti wedi clywed yr englyn yma?" Ac yna byddant yn dyfynnu rhywbeth tebyg i hyn:

> Capel Garmon garpiog
> Chwain a phigau hirion,
> Pwt o wely bach di-lun
> A phac o ferched budron.

neu:

> Ysbyty Ifan
> Dau bren bocs,
> Merched a meibion
> Yn gwisgo clogs.

Wel, mae'n ddigon amlwg nad yw'r rhigymau hyn yn debyg i englynion o gwbl ar wahân i un peth — sef eu bod yn fyr. Mesur pedair, neu weithiau dair, llinell yw englyn ac mae'n fesur mor annwyl gennym ni'r Cymry nes bod yr enw, ar lafar gwlad, wedi mynd yn gyfystyr â **phob** pennill byr yn yr iaith. Dechreuodd y mesur ar ei daith dros fil o flynyddoedd yn ôl ac er ei fod yn ddigynghanedd i raddau yr adeg honno, mae arnaf ofn bod angen cynghanedd ym mhob llinell bellach.

Erbyn heddiw, gwelir y mesur mewn awdlau ac mewn cyfresi o englynion ond y ffurf fwyaf poblogaidd o ddigon arno yw'r pennill unigol sy'n sefyll ar ei draed ei hun. Yr **englyn unodl union** yw hwnnw ac mae'n fesur hynod o ystwyth. Gall fynegi galar ar garreg fedd neu adrodd stori ddoniol mewn ymryson y beirdd; gall foli, gall ddychan; gall dynnu llun bach o fyd mawr a gall ddweud pethau mawr gyda geiriau bach. Mae'n gryno, mae'n drawiadol ac mae'n gofiadwy ac ni ellir ond rhyfeddu bod cynifer o enghreifftiau yn cael eu cadw ar gof ac, yn aml, yn cael eu galw yn ôl, fel y bo'r achlysur, i'w hadrodd o flaen cwmni dethol. Yn sicr, mae'n un o ryfeddodau mydryddol yr iaith Gymraeg.

ENGLYN UNODL UNION

Ar y dechrau, roedd yr englyn unodl union yn un o brif fesurau'r awdl. Cenid cadwyn ohonynt gan feirdd yr uchelwyr ar ddechrau awdlau fel rheol, a phrin iawn yw'r enghreifftiau o englynion unigol yn y cyfnod hwnnw. Dyma enghraifft o englyn o gyfres felly o waith Dafydd Nanmor. Fel cywyddwr yr ydym yn adnabod y bardd hwnnw, ond fel bron pob un o'r cywyddwyr eraill, cadwyd awdlau o'i waith yn ogystal yn yr hen lawysgrifau. Awdl farwnad i Tomas ap Rhys o'r Tywyn yw un o'r rhai a gadwyd o waith Dafydd Nanmor ac ynddi ceir yr englyn hwn, sy'n mynegi'r galar y mae ei deulu agos yn ei deimlo ar ôl colli'r uchelwr:

> Gwae Farged weled dialedd — ei blwyf!
>   Gwae ei blant o'i orwedd!
>   Gwae Elliw bod ei ddiwedd!
>   A gwae Fallt o gau ei fedd.

Enw mam Tomas ap Rhys oedd Marged ac Elliw a Mallt oedd enwau ei ddwy ferch. Yn yr enwau y mae maint y golled. Nid dim ond dyn oedd yn arweinydd ar ei bobl a fu farw ond mab a thad yn ogystal. Bum can mlynedd yn ddiweddarach, canodd Dic Jones englyn wrth goffáu gŵr arall a fu farw'n ifanc, sef Roy Stephens. Enwi'r cylch agos a deimlodd yr hiraeth i'r byw yw ei ddull yntau o fynegi galar pawb:

> Mae'r awen heb ei chennad, — y mae mam
>   O'i mab yn amddifad,
>   Y mae cymar heb gariad,
>   Y mae dau yn llwm o dad.

A dyna beth yw traddodiad barddonol clasurol — bod yr un geiriau, yr un teimladau, yr un cyfrwng, yr un patrwm yn medru bod mor gyfoes a pherthnasol ac ingol heddiw ag oedden nhw ganrifoedd yn ôl. Dyna athrylith yr englyn. Ond sut mae mynd ati i lunio un?

PALADR AC ESGYLL

Er mai mesur byr yw'r englyn, mae dipyn o nerth yn ei ergyd yn amlach na pheidio. Yn yr hen ddyddiau, roedd milwyr o Gymru yn enwog am eu dawn i drin y bwa saeth — gallai llathen o saeth wedi'i hanelu'n gywir gwympo marchog yn ei lawn arfogaeth ugeiniau o lathenni i ffwrdd. Does ryfedd i fathwyr termau cerdd dafod weld tebygrwydd rhwng mesur yr englyn a chrefft y saethwr. Anelu, gollwng a tharo mewn cyn lleied o amser â phosibl oedd nod gwŷr y bwa hir; bod yn gywir, yn gywrain ac yn gryno yw nod yr englynwr.

Mewn gwirionedd cyfuniad o ddau fesur yw'r math hwn o englyn. Mae'r ddwy linell gyntaf yn fesur a elwir yn doddaid byr a'r ddwy linell glo yn gwpled o gywydd. O'u rhoi at ei gilydd a'u cynnal ar yr un odl, ceir englyn unodl union. Gelwir corff pren y saeth yn **baladr**, a phaladr yw'r term ar ddwy linell gyntaf englyn; plu neu **esgyll** yw cynffon y saeth ac esgyll yw'r term ar gwpled clo englyn yn ogystal.

Mi daclwn ni'r mesur hwn drwy gydio yn ei gynffon i ddechrau. Rydym eisoes yn gyfarwydd â'r cwpled cywydd. Dyma ddwy linell olaf englyn Dafydd Nanmor:

> Gwae Elliw bod ei ddiwedd!
> A gwae Fallt o gau ei fedd!

O ddadelfennu'r llinellau, gwelwn fod llinell gyntaf y cwpled yn gynghanedd Lusg a'r ail yn gynghanedd Groes. Mae'r un rheol ynglŷn â lleoliad y gynghanedd Lusg yn y cwpled cywydd yn dal mewn cwpled olaf englyn yn ogystal — h.y. ni ellir cael cynghanedd Lusg yn y llinell olaf. Gwelwn fod un llinell yn diweddu'n acennog a'r llall yn ddiacen a'r brifodl yw **-edd**. Saith sillaf yr un yw hyd y llinellau. Dyna esgyll yr englyn.

TODDAID BYR

Unwaith eto, fel gyda'r cywydd, pennill o ddwy linell yn odli â'i gilydd yw **toddaid byr**. Gadewch inni ddadelfennu enghraifft Dafydd Nanmor:

> Gwae Farged weled dialedd — ei blwyf!
> Gwae ei blant o'i orwedd!

Fe gyfrwn y sillafau i ddechrau arni — mae deg sillaf yn y llinell gyntaf a chwe sillaf yn yr ail linell. Ble mae'r odl? Mae diwedd yr ail linell yn odli â'r cwpled cywydd sy'n ffurfio'r esgyll — or**wedd**. Ond **blwyf** yw diwedd y llinell gyntaf. Serch hynny, mae'r gair o flaen y gwant [—] yn cynnal yr un odl, sef dial**edd**. A dyma ni yn cychwyn gweld patrwm. Mae'r darn o flaen y gwant yn y llinell gyntaf yn llinell o gynghanedd ar ei phen ei hun. Fel mae'n digwydd, Sain Gytbwys Ddiacen yw'r enghraifft hon:

        Gwae Farged/weled/dialedd
           d : l - d : l -

Mae'r gair olaf yn y gynghanedd yn y llinell gyntaf yn odli â diwedd y tair llinell olynol yn yr englyn. Yn yr enghraifft hon, mae'r darn o flaen y gwant yn wyth sillaf — gall hynny amrywio o saith sillaf i naw sillaf, ond yr enghreifftiau mwyaf lluosog o bell ffordd (a'r rhai mwyaf cyffordus ar y glust) yw saith neu wyth sillaf. Rhaid cael cynghanedd Lusg, Draws, Groes neu Sain o flaen y gwant a gall y brifodl ddiweddu'n acennog neu'n ddiacen.

Ar ôl y gwant ceir gair neu eiriau sy'n gwneud cyfanswm y llinell gyntaf yn ddeg sillaf. Felly gellir cael rhwng tair sillaf ac un sillaf yma. Eto, y nifer mwyaf cyffredin yw dwy neu dair sillaf. Y **gair cyrch** yw'r enw ar y sillafau hyn ar ôl y gwant gan eu bod yn gorfod cyrchu i ddechrau ail linell yr englyn er mwyn creu cynghanedd. Dyma'r gyfatebiaeth o'i rhoi ar un linell fel hyn:

        ei blwyf!/Gwae ei blant/o'i orwedd!

Mae'r gair olaf yn y gair cyrch yn creu'r orffwysfa ac mae gair yng nghanol yr ail linell yn creu ail orffwysfa ac yna ceir y brifodl ar ddiwedd y !linell. Cyfatebiaeth cytbwys acennog sydd yma a math o gynghanedd Draws ydyw:

        ei bl:wyf!/Gwae ei bl:ant/o'i orwedd!
        bl: /(g)   bl: **edd**

Mae'r gynghanedd yn digwydd rhwng dwy ran gyntaf y llinell a chynnal yr odl yn unig a wneir gan y drydedd ran. Oherwydd hynny, fe'i gelwir yn gynghanedd **Draws Bengoll**.

Y GYNGHANEDD BENGOLL

Mewn englyn, mae'r ail linell bob amser yn diweddu yn ddiacen ac fel rheol cynghanedd Draws neu Groes Bengoll a geir rhyngddi a'r gair cyrch.

Gellir cael cyfatebiaeth gytbwys acennog fel yr enghraifft uchod. Dyma enghraifft o gynghanedd Groes Bengoll sy'n dilyn yr un patrwm acennu:

— nid af/I dai/yn holl Gymru *(Dafydd Nanmor)*
   d : / d : /

Ceir cyfatebiaeth cytbwys diacen yn ogystal:

— tra chadarn/Tŵr a cheidwad/arnyn *(Tudur Aled)*
   tr ch : d - / t r   ch : d - /

— a galar/Drwy galon/i brydydd *(Dafydd Nanmor)*
   g:l- /(dr)   g:l-/

Ceir cyfatebiaeth anghytbwys ddisgynedig:

— o Fôn/Hyd ar Fynydd/Mynnau *(Dafydd Nanmor)*
   f:n/   (d r) f:n-/

— a'm da oll/A'm dillad/a'm harian *(Dafydd Nanmor)*
   m d :ll/   m d:ll-/

ac yn wahanol i'r Draws a'r Groes arferol, caniateir cyfatebiaeth anghytbwys ddyrchafedig yn y gynghanedd Bengoll:

— chwiliwch/A chael/union eiriau
   ch:l- /   ch:l /

— â'u dannedd/Yn ei din/ugeintro
   d:n-/   (n)   d:n/

— a dysgu/Drwy dasg/nid arholiad
   d:sg- /(dr)   d:sg/

Fel y gwelwch uchod, caniateir n wreiddgoll ac n ganolgoll yn y gyfatebiaeth yn union fel mewn cynghanedd Draws neu Groes arferol. Caniateir hefyd gyfatebiaeth Groes o Gyswllt rhwng y gair cyrch a hanner cyntaf yr ail linell:

— a'r hen dre/Yn drist/wrth ffarwelio
   n dr: /r→n dr: /

— a'i ddawn oedd/Eu nyddu'n/gain frethyn
  dd n : dd/dd→n:dd -/
— hithau'r iaith/a roes/iddo'i dysteb
  th r : th→ r : /

Yn yr un modd, gellir cael cynghanedd Drychben:

er caffael/Aur y coffr/a'r allawr *(Dafydd Nanmor)*
  r c : ff -/   r c : ff(r)/

a chynghanedd Gysylltben:

— a'i frodyr/dan friw/dwfn anaele *(Robert ap Gwilym Ddu)*
  fr:d-/(d n) fr:/←d

Mae rhai goddefiadau ychwanegol ar gyfer y gynghanedd Groes a Thraws Bengoll — ac mae hynny'n newydd da! Nid oes rhaid poeni bod diwedd yr orffwysfa gyntaf yn proestio gyda diwedd yr ail orffwysfa.

— caer Wynt,/Caer Went/Caerwrangon *(Dafydd Nanmor)*
  c r :   (nt)/c r :   (nt)/

Caniateir sain rhy debyg hefyd:

— rhoi ffarwél/Er ffarwelio/eisoes
  r   ff r : l/   r ff r : l-/

Yn wir, gellir mynd mor bell â defnyddio'r union un geiriau i greu'r gyfatebiaeth:

— yn canu/Yn canu/fel deryn

Ond mae rheol ynglŷn â pha mor bell i'r ail linell y mae acen yr ail orffwysfa yn cael ei gosod. Pan fo'r gyfatebiaeth yn diweddu'n acennog, ni all fod **ymhellach** na'r drydedd sillaf yn yr ail linell. Pan fo'r gyfatebiaeth yn diweddu'n ddiacen, gall sillaf olaf yr ail orffwysfa ymestyn hyd y bedwaredd sillaf yn yr ail linell.

— un gŵr/Eto'n gyrru/arni
  1 2   3 4

— torrai air/Gyda'r tramp/a'r angel
  1 2   3

Lleoliad eithaf yr acenion yw'r ddwy enghraifft uchod — nid oes rhaid eu lleoli mor bell â hynny yn rhan gyntaf yr ail linell, debyg iawn. Bydd y beirdd yn gwgu wrth weld mwy nag un gynghanedd Lusg mewn englyn unigol, ond os yw'r englyn yn rhan o gyfres, goddefir hynny. Rhaid osgoi'r bai trwm ac ysgafn ym mhrifodl yr englyn hefyd e.e. os yw'r llinell gyntaf yn gorffen gyda'r gair **cân**, mae'n rhaid i'r sillaf olaf acennog yn y drydedd neu'r bedwaredd linell odli yn ysgafn — **tân, brân, ar wahân** ac ati. Byddai'n fai trwm ac ysgafn pe bai'n gorffen yn drwm — fel **llan, gwan, ffan** ac ati. Ni ellir ychwaith ddefnyddio'r un un gair ddwywaith i lunio odl diwedd llinell mewn englyn, er ei bod yn gywir i ddefnyddio'r un gair ar ddiwedd tair llinell!

YMARFERIAD 1

Dyma enghreifftiau posibl i'r gair cyrch mewn englyn. Lluniwch ail linell i'r englyn sy'n ateb y gofynion.

e.e. — yn yr haf/ ....

Goddefir n wreiddgoll felly nid oes rhaid ateb yr n, na chwaith yr h yn haf. Gellir ateb y gair cyrch hwn yn gytbwys acennog (gan gofio bod rhaid cael chwe sillaf i'r ail linell a bod rhaid iddi orffen yn ddiacen):

    — yn yr haf/Mae'r ardd/yn llawn blodau
    (n) r :   /(m) r :

Gellir ei ateb yn anghytbwys ddisgynedig hefyd:

    — yn yr haf/cwch rhwyfau/fydd gennyf
    (n) r : f/(c ch) r :   f -/

Ceisiwch lunio ail linell englyn i'r geiriau cyrch a ganlyn a hynny y ddau batrwm uchod:

a) — yn yr haf/ ....
b) — yn yr haf/ ....
c) — ato ef/ ....
ch) — ato ef/ ....
d) — yn y glaw/ ....
dd) — yn y glaw/ ....

YMARFERIAD 2

Os bydd y gair cyrch yn diweddu'n ddiacen, gellir cael cyfatebiaeth gytbwys ddiacen neu anghytbwys ddyrchafedig.

e.e. mae hiraeth/ ....
    mae hiraeth/am eurwallt yr eneth
    m   : r -/   m : r -

neu
    mae hiraeth/yn y môr bob amser
    m   : r - / (n) n : r

Ewch ati i lunio ail linell englyn ar y ddau batrwm uchod i'r geiriau cyrch hyn:

a) — mae hiraeth/ ....
b) — mae hiraeth/ ....
c) — daw Enid/ ....
ch) — daw Enid/ ....
d) — hen awydd/ ....
dd) — hen awydd/ ....

SAIN BENGOLL

Ni ellir cael cynghanedd Lusg rhwng y gair cyrch a'r ail linell (er bod rhai'n cychwyn arbrofi gyda hynny ar hyn o bryd) ond mae'n bosibl creu Sain Bengoll rhyngddynt. I wneud hynny rhaid cael y ddwy odl yn y gair cyrch ei hun e.e.

    — ala**w**'r gla**w**/Ar y gwlith/ben bore
         gl: gl:

    — la**w** yn lla**w**/Aeth y llanc/a'i gariad
        ll: ll:

Gelwir y gynghanedd hon yn 'Sain Alun' weithiau oherwydd roedd y bardd Alun Cilie yn hoff iawn o'i defnyddio yn ei englynion.

YMARFERIAD 3

Lluniwch ail linell ar batrwm Sain Alun i'r tri gair cyrch canlynol:

a) — bydd llonydd/..

b) — mae hen wên/ ....

c) — dwyn gwanwyn/ ....

ch) — yr awr fawr/..

Y GAIR CYRCH YN ODLI

Ffordd arall o gael cyfatebiaeth i'r glust rhwng y gair cyrch a hanner cyntaf yr ail linell yw drwy gynnal odl rhwng sillaf olaf y cyrch a sillaf olaf yr orffwysfa yn yr ail linell. Dyma rai enghreifftiau:

— *i Ddyfrdwy/O Gonwy i Gynwyd* (Guto'r Glyn)

— *a'm habad/A'm trwsiad a'm trysor* (Tudur Aled)

— *drwy'r byd/Yn yr ŷd a'r adar* (Lewys Glyn Cothi)

Mae'n ddigon hawdd clywed yr odlau: **Ddyfrdwy/Gonwy, habad/trwsiad** a **byd/ŷd**. Ond gwrandewch eto ar yr ail linell ar ei phen ei hunan:

O Gonwy i Gynwyd
A'm trwsiad a'm trysor
Yn yr ŷd a'r adar

Mae pob un o'r rhain yn gynghanedd Groes gyflawn. Os dewisir y dull hwn o weithio ail linell englyn, rhaid cael cynghanedd ynddi ac yna cynnal odl rhwng y sillaf ar ddiwedd yr orffwysfa gyda sillaf ar ddiwedd y gair cyrch. Ar un adeg, roedd rhaid i'r gynghanedd yn yr ail linell fod yn gynghanedd Groes gyflawn fel yr enghreifftiau uchod. Ond dros y blynyddoedd, llaciwyd y rheolau a daeth cynghanedd Draws yn dderbyniol yn yr ail linell. Daeth cynghanedd Draws gyda chytsain neu gytseiniaid gwreiddgoll ar ddechrau'r ail linell yn dderbyniol yn ogystal, er nad yw pawb yn cymeradwyo hynny. Ond penderfynodd panel adolygu rheolau cerdd dafod Barddas gymeradwyo'r holl ffurfiau hyn yn 1977:

— yn gynnil/Ac yn swil ei solo?

— yng ngefail/Y dail yn pedoli;

— yno'n drwch/Y mae llwch a llechi;

— haen o lwch/Yn dristwch oer drosto;

Aceniad cynghanedd Sain sydd i'r gyfatebiaeth hon bellach ond mae'n werth cofio mai llinell o gynghanedd gytseiniol oedd yr ail linell yn wreiddiol gyda'i gorffwysfa yn cynnal yr un odl â diwedd y gair cyrch.

YMARFERIAD 4

Chwiliwch am eiriau i odli a chynnal y gytseinedd rhwng y gair cyrch a'r ail linell yn yr enghreifftiau a ganlyn. Enwau lleoedd yw'r atebion:

a) mae afon/Cwm .... yn canu
b) am galon .... y mae muriau
c) mor braf/yng Nghwm .... yw'r tyfiant
ch) .... /Daw'r gelyn i'r golwg
d) daw o'r lôn/I .... garafannau
dd aeth y ddwy/i .... drwy'r fawnog
e) y mae hedd/yng ...., fy ngeneth

CRYNHOI

I grynhoi, dyma brif ofynion mesur yr englyn unodl union: 4 llinell gyda nifer y sillafau fel a ganlyn: 10, 6, 7, 7. Gall y llinell gyntaf fod â phrifodl acennog neu ddiacen; mae'r brifodl yn yr ail linell yn ddiacen a cheir un o bob un yn y drydedd a'r bedwaredd linell heb fod wahaniaeth ym mha drefn. Ni chaniateir cynghanedd Lusg mewn llinell olaf englyn na dwy ohonynt mewn englyn unigol. Mae'r gair cyrch ar ddiwedd y llinell gyntaf yn cynganeddu neu'n odli â hanner cyntaf yr ail linell.

YMARFERIAD 5

Dyma englyn unodl union wedi'i lobscowsio:
   a dwy wefus; dau o'r fro; dau gi hyll;
   a dwy fusus; mewn creisus; dau afal;
   a dwy gath; a dwy ar frys; dau faswr.

Cyfrwch y sillafau. A oes yna ddeg sillaf ar hugain yno? Oes? O'r gorau, beth am fynd ati i 'w roi mewn trefn. Mae'n hollol amlwg mai 'englyn dau a dwy' ydyw, felly bydd dilyn y patrwm hwnnw o gymorth inni. Ym mhle y cychwynnwn ni? Wel, gyda'r odlau — dyna fyddai'n gwneud pethau'n haws inni. Rydym yn chwilio am bedwar ymadrodd yn odli â'i gilydd felly — gydag o leiaf un ohonyn nhw yn diweddu'n acennog. Fedrwch chi gael o hyd iddyn nhw? Ie, dyma nhw:

   a dwy wefus
   a dwy fusus
   mewn creisus
   a dwy ar frys

Dim ond un ymadrodd sy'n diweddu'n acennog felly mae'n rhaid mai'r drydedd neu'r bedwaredd linell yw lleoliad hwnnw. Mae un ymadrodd arall yn wahanol i batrwm y gweddill, sef mewn creisus gallwn fentro mai diwedd cynghanedd Bengoll yn yr ail linell yw hwnnw. Felly, dyma esgyrn sychion y dasg:

   .... a dwy fusus, — ....
   .... mewn creisus,
   .... a dwy ar frys,
   .... a dwy wefus.

Rwy'n siŵr na fyddwch fawr o dro yn llenwi'r bylchau yn awr.

YMARFERIAD 6

Dyma englyn arall wedi'i gymysgu. Ewch ati i'w ddatrys:

'y mendith; y glaw; mal adar;
mal blodau; a'r gwlith; ar wenith;
mal y daw; mal od; preniau ymhob rhith;
mae i undyn

*Englyn mawl gan **Dafydd Nanmor** i **Rys o'r Tywyn** ydyw lle mae'n disgrifio ei ddiolchgarwch i'w noddwr mewn ffordd flodeuog iawn.*

Gwers 10

CREU ENGLYN

Un ffordd syml o fynd ati i greu englyn yw rhestru geiriau sy'n cael eu hysgogi wrth feddwl am destun arbennig. O'r rhestr honno, rhaid ceisio cael hyd i bedwar gair yn odli (gydag o leiaf un ohonyn nhw'n acennog) ac yna creu cynganeddion yn seiliedig ar y prifodlau hynny.

Gadewch inni ddewis 'Afonydd Cymru' yn destun gan fwriadu llunio englyn sy'n gatalog o enwau afonydd a dim byd mwy uchelgeisiol na hynny. Rhaid chwilio am odl addawol i ddechrau arni — tydi afonydd fel Rhaeadr, Twrch, Ffraw a Chlwyd fawr o ddefnydd inni yn yr achos hwn oherwydd rhaid cael o leiaf pedwar enw afon sy'n odli, gydag un ohonynt yn acennog.

Dewch ag enwau sy'n odli inni ynte. Beth am:

Aeron, Llifon, Wnion, Cynon, Daron, Horon, Irfon

Mae hon yn rhestr addawol. Ond beth am enw afon sy'n odli gydag **-on** ac yn air acennog? Oes, mae afon Don i'w chael yn Lloegr, ond rhaid cadw at y testun sef 'Afonydd Cymru'!

Gwell rhoi cynnig ar odl wahanol:

Teifi, Tywi, Dyfi, Ewenni, Llyfni, Senni, Sirhywi, Tyweli

Rhestr dda eto — ond ble mae'r gair acennog?
Tri chynnig i Gymro amdani:

Conwy, Dyfrdwy, Ebwy, Mynwy, Efyrnwy, Elwy, Gwy

Gwy — dyna'r enw rydym ni wedi bod yn chwilio amdano. Bellach mae gennym gasgliad o enwau ar yr un odl gydag un acennog ar gyfer y drydedd neu'r bedwaredd linell, yn ôl gofynion esgyll yr englyn. Mae angorion y pennill gennym bellach a gallwn eu gosod dros dro fel hyn:

```
........................... Conwy —........................
........................................................ Ebwy
......................................................... Gwy
..................................................... Dyfrdwy
```

Mae angen dwy afon i gynganeddu â'i gilydd i greu cynghanedd rhwng y gair cyrch a dechrau'r ail linell. Byddai'n ddefnyddiol felly pe bai gennym restr o enwau afonydd sy'n cynganeddu â'i gilydd — ond heb fod yn odli â'r brifodl **-wy** rhag troseddu'n erbyn y rheol **gormod odl**.

Beth amdani? Ychwanegwch at y rhestrau hyn.

Cytbwys acennog

Afon Gam, Afon Goch, Afon Gwaun, Afon Geirch;
Afon Clun, Afon Clwyd,
Afon Cain, Afon Cuch,
Afon Iwrch, Afon Erch (mae proest yn dderbyniol yn y cyrch)
Afon Saint, Afon Soch
Afon Twrch, Afon Taf
Afon Arth, Afon Wysg, Afon-wen
Afon Nedd, Afon Nug

Cytbwys diacen

Ogwen, Ogwr,
Menai, Mynach,
Dwyfach, Dwyfor
Cynin, Cynon, Cennen,
Clarach, Claerwen
Ceiriog, Ceirw, Carrog, Ceri
Tywi, Tawe,
Cywarch, Cywyn,
Sannau, Dysynni, Senni
Elan, Alwen, Aled, Alun, Alaw

Anghytbwys disgynedig

Taf, Teifi
Dâr, Dwyryd
Clun, Cilieni
Lliw, Llia

Cain, Cennen
Rhiw, Rhaeadr

Dyna hen ddigon o ddetholiad ar gyfer gair cyrch a'r ail linell. Gadewch inni ddewis un pâr er mwyn gyrru arni i gwblhau'r dasg:

.... Conwy — Afon Twrch
Afon Taf ac Elwy,
....Gwy
......................................Dyfrdwy

Rhaid defnyddio'r enwau afonydd sy'n ffurfio'r dair prifodl arall fel rhan o'r gynghanedd ym mhob un o'r llinellau hynny ac felly mae'r dewis yn fwy cyfyngedig. Y gynghanedd rwyddaf i'w llunio yw'r gynghanedd Lusg ond ni allwn gynnwys dim ond un ohonynt mewn englyn unigol. Oes 'na un yn cynnig ei hun tybed? Ni allwn roi'r Lusg mewn llinell olaf englyn ond buasai modd cyfnewid **Dyfrdwy** a **Gwy** os byddai hynny'n hwyluso pethau.

Yn anffodus **y dywyll** sydd yng ngoben yr enw **Dyfrdwy** ac mae'n amhosibl llunio cynghanedd Lusg gyda'r sain honno. Beth am **Conwy**? Wel, mae gennym ddigon o enwau wedi'u rhestru eisoes sy'n odli ag **-on** ac felly'n creu cynghanedd Lusg gyda'r enw **Conwy**. Awn am yr enw cyntaf yn y rhestr:

Afon Aeron a Chonwy

Hyfryd iawn! Mae pethau'n dechrau siapio.

Mae'r enw **Conwy** yn un gweddol hawdd i'w gynganeddu'n gytbwys ddiacen hefyd. Beth am:

Afon Cennen, afon Conwy

Cyfrwch y sillafau. Mae hon yn llinell wythsill — ond cofiwch fod hynny'n dderbyniol yn y gynghanedd gyntaf mewn englyn cyn belled â'n bod yn lleihau'r nifer o sillafau sydd yn y gair cyrch i ddwy er mwyn cadw cyfanswm sillafau'r llinell gyntaf i ddeg sillaf. Os defnyddiwn y llinell hon, byddai'n rhaid cael rhywbeth tebyg i hyn yn y cyrch a'r ail linell:

Afon Cennen, afon Conwy, — Clarach,
Claerwen ac Efyrnwy

neu
> Afon Cennen, afon Conwy, — Sannau
> A Senni ac Ebwy

Byddai modd cael cynghanedd anghytbwys ddisgynedig yn seiliedig ar yr enw Conwy hefyd a byddai hynny yn ein cadw at linell saith sillaf:

> Afon Cain, Afon Conwy, — afon Twrch,
> Afon Taf ac Ebwy.

Dyna'r paladr wedi'i lunio. Awn ymlaen at yr esgyll — rhaid cael un llinell i ddiweddu'n acennog a'r llall yn ddiacen.

Sut mae cynganeddu'r llinell acennog? Gallwn ddewis enw sy'n gytbwys acennog o'r rhestr uchod e.e.

> Afon Gwaun ac afon Gwy

Neu gallwn anelu am gynghanedd Sain — Sain Anghytbwys Ddyrchafedig. I wneud hynny rhaid cael enw afon sy'n diweddu'n ddiacen ond sydd â'r gytsain **g** o flaen yr acen yn y goben e.e.

> Gwyrfai, Gele, Gwili, Gorsen, Geirw, Gwesyn

I gwblhau'r gynghanedd Sain, rhaid cael enw sy'n odli ag un o'r afonydd hyn. Unwaith eto, mae dewis digon helaeth ar ein cyfer:

> Menai a Gwyrfai a Gwy
> Tawe a Gele a Gwy
> Teifi a Gwili a Gwy
> Hafren a Gorsen a Gwy
> Serw a Geirw a Gwy
> Glaslyn a Gwesyn a Gwy

Am wn i mai'r un olaf sy'n apelio orau at fy nghlust i.

Beth am y llinell ddiacen? Oes enw afon yn cynnig ei hun i gynganeddu gyda **Dyfrdwy**? Oes 'na enw o gwbwl yn cynnig ei hun? Na, go brin. Mae **Dyfrdwy** yn un o'r geiriau ystyfnig hynny sy'n mynnu bod ar ei ben ei hun. Ac eto, does dim rhaid inni ei wrthod yn gyfangwbl chwaith. O leiaf, mae'n odli gyda'r brifodl. Beth wnawn ni efo'r enw yma 'ta? Wel, gan mai cynghanedd bengoll sydd rhwng y gair cyrch a dechrau'r ail linell yn yr englyn hwn, mae diwedd yr ail linell yn rhydd o orfod ateb unrhyw gytseiniaid. Gallwn roi **Dyfrdwy** yn y fan honno gan roi mwy o ddewis inni ar gyfer y llinell olaf sydd angen ei chreu. Dyma beth sydd gennym hyd yn hyn:

    Afon Aeron a Chonwy, — afon Twrch,
       Afon Taf a Dyfrdwy,
      Glaslyn a Gwesyn a Gwy
      ....

Gadewch inni fynd yn ôl at ein dewis o enwau ar gyfer y brifodl:
      Ebwy, Elwy, Mynwy, Efyrnwy

Pa enwau sy'n cynnig eu hunain fel gorffwysfa i ateb un o'r afonydd hyn — gallant greu cyfatebiaeth gytbwys ddiacen neu anghytbwys ddisgynedig. Dyma rai:

        Alwen/Elwy
        Mynach/Mynwy
        Menai/Mynwy

Am funud bach! Mae'r **ai** yn Menai yn proestio gyda'r **wy** yn Mynwy — maent yn ddeuseiniaid lleddf sy'n perthyn i'r un dosbarth ac felly byddai'n amhosibl eu defnyddio i gyfateb ei gilydd ar wahân mewn gair cyrch a dechrau ail linell englyn. Mae **Mynach/Mynwy** braidd yn debyg eu sain yn ogystal — er nad ydyn nhw'n wallus — felly mae hynny'n ein gadael gydag **Alwen/Elwy**. Gallwn greu cynghanedd Sain eto e.e.

      Hafren, Alwen ac Elwy

Gan y bydd y llinell hon yn yr esgyll, rhaid iddi fod yn un seithsill ac felly ni all y patrwm 'Afon Alwen, afon Elwy' ffitio yma. Dewis arall yw creu cynghanedd Groes fel hyn:

      Cain, Alwen, Cynon, Elwy

Mae un **n** yn **Cain** yn ddigon i ateb y ddwy yn **Cynon** gan nad oes yr un gytsain arall rhyngddynt. Wel, siawns nad oes gennym englyn bellach. Dyma un detholiad o'r gwahanol linellau rydym wedi'u creu:

Afon Aeron a Chonwy, — afon Twrch,
Afon Taf a Dyfrdwy,
Glaslyn a Gwesyn a Gwy,
Cain, Alwen, Cynon, Elwy.

Hym, ie, wel . . . Tydi o ddim yn swnio'n dda iawn, er ei fod yn hollol gywir. Rhaid inni gofio bob amser mai rhywbeth i'r glust yw'r gynghanedd a'i mesurau ac mae'n bwysig bod y rhythm a'r trawiadau yn gorwedd yn esmwyth ar y clyw ac yn rhubanu'n llyfn oddi ar y tafod. Beth sydd o'i le ar yr englyn fel ag y mae? Nid yw'n swnio'n orffenedig rywsut gyda'r llinell olaf yna mor llawn o enwau.

Buasem yn medru mynd yn ôl at y gynghanedd Sain gyntaf a wnaethom sef:

Glaslyn a Gwesyn a Gwy,
Hafren, Alwen ac Elwy.

Ond, rhywsut, nid yw'r esgyll hwnnw yn swnio'n rhy dda chwaith. Anaml y bydd dwy gynghanedd Sain yn gorffwys yn esmwyth o fewn yr un cwpled neu'r un esgyll gan fod eu rhythm yn medru bod yn ddigon undonog. Awn yn ôl at y fersiwn arall. Beth am gyfnewid y drydedd o'r bedwaredd linell?

Afon Aeron a Chonwy, — afon Twrch,
Afon Taf a Dyfrdwy,
Cain, Alwen, Cynon, Elwy,
Glaslyn a Gwesyn a Gwy.

Ydi, mae hwn yn well. A dweud y gwir, mae hwn yn 'canu' — er mai dim ond catalog o enwau ydyw, mae rhyw hud hyfryd yn perthyn iddo. Mae'r cydbwysedd a'r curiad yn iawn, y llinellau'n amrywiol eu cynganeddiad a'u trawiad ac eto'n asio i'w gilydd yn ddigon dymunol. Pan fo hynny yn digwydd mewn englyn neu gywydd neu awdl, byddwn yn dweud ei bod yn 'canu', a dyna'r ganmoliaeth uchaf un i ddarn o gerdd dafod.

YMARFERIAD 1

Dyna chi wedi cael un patrwm — ond mae patrwm pob englyn yn wahanol ac mae'n dibynnu i raddau ar yr hyn a gynigir gan y prifodlau. Ceisiwch lunio englyn arall i 'Afonydd Cymru' gan ddefnyddio'r brifodl a ganlyn:

Hafren, Alwen, Cennen, Claerwen, Ogwen, Afon-wen, Tren.

Mae dau enw acennog yno a dylai hynny gynnig digon o bosibiliadau ichi. Trowch yn ôl i'r rhestrau afonydd sy'n cynganeddu hefyd i ysgogi'r awen.

Does dim rhaid cyfyngu ein hunain i afonydd wrth gwrs — byddai modd llunio englynion sy'n cynnwys rhestrau o fynyddoedd neu lannau neu drefi neu enwau personol. Mae'r cyfan yn hyfforddiant da i ddysgu trin a thrafod geiriau ar gyfer cynganeddu'n fwy rhugl.

YMARFERIAD 2

Dyma jig-so geiriol arall ichi — mae englyn yn llawn o enwau personol wedi'i guddio yn y cawl hwn. Tybed a fedrwch ei ddatrys. Wedi gwneud hynny, beth am fynd ati i wneud un tebyg eich hunan:

Rhiannon, a Siân, Eurys, Rhys, Cenwyn,
a Gwenllian, a Dilys a, Euros, Samson,
Cynog, Dylan, Hywel, Iwan.

Ac i dwchu'r cawl ymhellach, beth am gyfuno gwahanol enwau — dyma ichi dri englyn yn cyplysu a chynganeddu enwau personol ac enwau lleoedd led-led y byd. Mae'r posibiliadau yn ddi-ben-draw!

Aeth Sam i Alabama, — a Gwenan
   I ganol Bolivia,
   Yntau Twm i Bogotá
   A Sionyn i Botswanna.

Now a Glyn i Wangalŵ — Barri Wil
  I Beirŵt a'i dwrw,
  Citi Wyn i Timbyctŵ
  A Lal i Honolwlw.

Aeth Siarl i Monte Carlo – a Neli
  I'r niwl yn Chicago,
  Meg a Lois i Gwm-y-glo
  A Nic i'r Orinoco.

YMARFERIAD 3

Meddyliwch am enwau personol i lenwi'r bylchau yn yr englyn hwn:

  .... yn Colorado — a ....
  Ym merw El Paso,
  Non a .... yn O-hai-ô,
  A .... draw yn Cairo.

Gwers 11

CALEDU CYTSEINIAID

Wrth ddysgu rhai goddefiadau cerdd dafod, cawsom ar ddeall fod dwy gytsain yr un fath agosaf at ei gilydd yn cael eu hynganu fel un gytsain a'i bod hi'n gywir ateb y rheiny gyda dim ond un gytsain.

Er enghraifft, mae un **m** yn ateb y ddwy sydd yn **cam mawr**, mae un **n** yn ateb y ddwy yn **un nos** ac un **r** yn ateb y ddwy sydd yn **ar ras**. Serch hynny, mae rhai cytseiniaid yn eithriaid i'r rheol honno.

Cytseiniaid caeëdig yw **b, d, g** ac mae'n anodd dweud dwy ohonynt yn union ar ôl ei gilydd. Arferiad yr hen Gymry oedd crynhoi digon o anadl ac ynganu'r cytseiniaid yn sydyn mewn un sain galed. Oherwydd hynny, roedd dwy **b** gyda'i gilydd yn swnio yn debyg i sain **p**, dwy **d** yn debyg i **t** a dwy **g** yn debyg i **c**. O safbwynt y gynghanedd felly, mae **pob bwrdd** yn swnio fel **po-p-wrdd** a rhaid ateb y ddwy **b** sydd ynghlwm yn ei gilydd gyda'r gytsain **p**. O'u dyblu, mae **b, d** ac **g** yn **caledu** a rhaid parchu'r sain a glyw'r glust er mwyn cael cynghanedd gyflawn.

YMARFERIAD 1

Pa gytseiniaid sy'n caledu yn y llinellau hyn?
 a) pob bron fal y papur yw (Ieuan Deulwyn)
 b) y ddraig goch ddyry cychwyn (Deio ab Ieuan Du)
 c) llety clyd a lle teg glân (Lewys Glyn Cothi)
 ch) troed deau tir y Tywyn (Dafydd Nanmor)
 d) golwg gwalch ar geiliog coed (Gutun Owain)
 dd) i Fôn y try f'enaid draw (Guto'r Glyn)

Wrth gwrs, does dim *rhaid* i ddwy o'r cytseiniaid hyn gael eu hateb gan gytsain galed. Gellir eu hateb hefyd gyda dwy gytsain glwm yr un fath, fel yn y llinell hon o waith Tudur Aled:

mae gwae**d d**a lle mage**d d**yn

Mae **b, d** ac **g** yn cael eu caledu yn ogystal os bydd anadliad caled yr **h** yn eu dilyn. Rydym yn gyfarwydd â chlywed hynny yn ein hiaith bob dydd — mae **drwg & hin** yn rhoi drycin inni, **cardod & ha** yn rhoi cardota a **gwlyb & haf** yn rhoi gwlypaf. Dyma'r tabl seiniau sy'n cyfateb o safbwynt y gynghanedd a'r glust felly, (gan gofio am reolau ceseilio yn ogystal):

 b & b = b & h = p = p & b
 d & d = d & h = t = t & d
 g & g = g & h = c = c & g

Dyma enghreifftiau o'r rheolau hynny ar waith mewn cynghanedd:

 he**b h**iraeth, hi a'i **p**eris *(Ieuan Deulwyn)*
 gair **t**eg a wna gariad **h**ir *(Gutun Owain)*
 llais y **c**orn lluoso**g h**ir *(Tudur Aled)*

Os bydd y gytsain **r** rhwng y gytsain gaeëdig a'r **h**, mae'r effaith yr un fath. Mae **budr & haf** yn rhoi butraf inni. Gwelir hynny yn llinell Tudur Aled, lle mae'r **g** yn cael ei chaledu i ateb **c**:

 a fo **cr**yf a fa**g rh**yfel

Dyma dabl arall o gyfatebiaeth felly:

 br & h = b & rh = pr
 dr & h = d & rh = tr
 gr & h = g & rh = cr

YMARFERIAD 2

Mae amrywiaeth o gyfatebiaethau caled a cheseilio yn y llinellau hyn. Fedrwch chi eu canfod?
a) at deulu llwyth Tal-y-llyn (Wiliam Llŷn)
b) yn neutu'r allt, enaid rhydd (Dafydd ap Gwilym)
c) be'i profid yn Bab Rhufain (Tudur Aled)
ch) gael oed dydd a gweled hon (Dafydd ap Gwilym)

EITHRIO RHAG CALEDU

Erbyn heddiw, mae llawer o'r beirdd yn mynnu nad yw dwy **b** gyda'i gilydd yn cael eu hynganu fel **p** gennym bellach — a bod yr un peth yn wir am ddwy **d** a dwy **g**. Yr hyn sy'n digwydd ar y tafod erbyn hyn, meddir, yw gollwng un o'r cytseiniaid meddal yn hytrach na chaledu e.e.

i bo**b b**arn ei llafar

dywedir: i bo(b) **b**arn ei llafar
yn hytrach na: i bo(b)-**p**-(b)arn ei llafar

Oherwydd hynny, nid oes rhaid cadw at y rheol bod dwy gytsain feddal gyda'i gilydd yn caledu erbyn heddiw. Ond tueddir i gytuno fod effaith **h** ac **rh** ar ôl cytsain feddal yn dal i'w chaledu.

CYNGHANEDD EWINOG

Mewn llinell o Groes o Gyswllt, gall y gytsain olaf ar ddiwedd y rhan gyntaf gyfuno gyda chytsain arall ar ôl yr orffwysfa a chaledu i ateb y gytsain wreiddgoll. Yma eto, nid yw'r caledu'n digwydd dim ond pan nad oes llafariad arall rhwng y ddwy gytsain. Gelwir y math hwn o gyfuniad yn **gyswllt ewinog**:

       Tudur Llwyd hyder y llew *(Tudur Aled)*
       t   d + h = t

Mae'r **d** ar ddiwedd y rhan gyntaf yn caledu o dan ddylanwad yr **h** yn hyder ac yn ateb y **t** yn Tudur i greu **Croes o Gyswllt Ewinog**. Dyma enghreifftiau eraill:

    parch yw i baw**b b**erchi'i ben *(Tudur Aled)*
    Caer Gai enwo**g h**ir gynnydd *(Simwnt Fychan)*
    truan ei fo**d dr**aw'n ei fedd *(Tudur Aled)*

Ond nid yw'n dilyn bod dwy gytsain feddal o boptu'r orffwysfa yn gorfod caledu, serch hynny. Weithiau ystyrir fod y saib naturiol rhwng diwedd rhan gyntaf y llinell a dechrau'r ail ran yn gwahanu'r cytseiniaid fel na bo galediad yn digwydd rhyngddynt:

       deled i oed deuliw dydd *(Dafydd ap Gwilym)*
       d   (d) d

Mae'r cyswllt ewinog i'w ganfod mewn cynghanedd Sain yn ogystal. Gadewch inni ystyried y llinell hon:

       ac ar dyfiad y tad hael *(Wiliam Llŷn)*

Cynghanedd Sain yw hon yn ei hanfod ac mae'n rhannu fel hyn:

ac ar dyfiad/y tad/hael

Ceir odl rhwng diwedd y ddwy ran gyntaf — **dyfiad/tad**. Ond ble mae'r gyfatebiaeth gytseiniol rhwng yr ail a'r drydedd ran? **tad/hael**? Dyma ble mae'r cyswllt ewinog yn dylanwadu ar sŵn y llinell — mae'r **d** yn tad yn cael ei galedu gan yr **h** yn hael nes bod gennym y sain galed **t** sy'n ateb y **t** yn tad:

tad hael
t: (t):

Mae'r **d** yn tad felly yn gweithredu fel dwy gytsain — mae'n ymddwyn fel **d** er mwyn odli â'r gair dyfia**d** ac yna'n ffrwydro'n galed gyda'r **h** i greu **t** ar gyfer y gyfatebiaeth gytseiniol.

Drwy galedu, mae modd creu odl ewinog mewn cynghanedd Sain (neu mewn cynghanedd Lusg neu mewn prifodl i un o'r mesurau hefyd o ran hynny). Beth am hon?

mae'n rhoi cic i'r cerrig gwyn

Ar un olwg, nid oes odl na chynghanedd ynddi ond o wrando ar y calediad, clywn y seiniau hyn:

mae'n rhoi cic/i'r cerrig/gwyn
ic   c: c:

A dyma enghraifft o Lusg Ewinog:

fy nghariad, deuaf atat
ad+d   at

YMARFERIAD 3

Dyma sgerbydau sychion cynghanedd Sain. Mae angen meddwl am eiriau i lenwi'r bylchau sy'n creu calediad a ffurfio odlau ewinog a chytseinedd rhwng y dair rhan. Llenwch y bylchau.

a) brêc   carreg   ....
b) chwip   .... *hunllef*
c) mat   .... *da*
ch) cynnig .... *coed*
d) di-sut   .... *dyn*
dd) sioc   .... *gynnar*

MEDDALU'R GYTSAIN 'T'

'Rwy'n mynd nôl i Flaenau Ffestiniog' oedd cân y Tebot Piws ond gwrandewch yn ofalus ar y llinell. Ai 'Ffestiniog' yntau 'Ffes**d**iniog' sy'n cael ei ganu. Mae'r gytsain **s** yn effeithio ar y gytsain **t** gan ei meddalu mewn rhai tafodieithoedd, ond erys yn sain galed mewn tafodieithoedd deheuol. Felly, wrth ymuno yn yr hwyl, mae'n ddigon posibl bod un hanner y gynulleidfa yn morio canu am 'Ffes**t**iniog' a'r hanner arall yn hiraethu am 'Ffes**d**iniog'.

Yn naturiol, mae rheolau'r tafod a'r glust yn cael eu hadlewyrchu yn rheolau'r gynghanedd. Derbynnir bod **st** yn swnio fel **sd** ac mae'n hollol ddilys ateb **t** gyda'r **d** feddal o dan amodau o'r fath. Ond derbynnir yn ogystal bod rhai tafodieithoedd yn cadw'r sain galed ac felly mae rhyddid gan y bardd unigol i wrando ar ei glust ei hunan. Mae'r cytafebiadau hyn i gyd yn gywir:

estyniad i lein Stiniog

mae rhyw staen ym mro Stiniog

tonnau o law yn Stiniog

dynion o graig Ffestiniog

Mae'r un peth yn wir am y cyfuniadau **fft, llt, cht** a **ct** — er mai'r gytsain galed sy'n cael ei hysgrifennu, y **d** feddal a glyw'r glust mewn rhai tafodieithoedd.

Mae **fft** yn llo**fft** yn rhoi llo**ffd** inni ar lafar

gwa**llt** = gwa**lld**

dra**cht** = dra**chd**

ta**ct** = ta**cd**

Dyma enghreifftiau mewn cynganeddion:

trwsiadau drud trosti draw *(Tudur Aled)*

gwylltineb golli dynion *(Lewys Glyn Cothi)*

a phader serch, hoffter sôn *(Ieuan Deulwyn)*

ai dellt aur yw dy wallt di? *(Dafydd Nanmor)*

Weithiau bydd **sc** ac **sp** yn cael eu hysgrifennu hefyd e.e. **sp**ort, neu **sc**rin ond **sb**ort a **sg**rin yw'r unig ffordd o ynganu'r geiriau hynny yn y Gymraeg. Mater o gamsillafu yw hyn yn hytrach na bod y gytsain **s** yn meddalu'r **p** a'r **c**. Gall **s** feddalu **t** heb fod yn perthyn i'r un gair â hi cyn belled nad oes yr un llafariad rhyngddynt e.e. yn y clymiadau e.e. llai**s t**ad neu a oe**s t**rip, ond nid yw'r un peth yn wir am y cytseiniaid **c** a **p**. Mae **pres peint** a **Plas-coch** yn cadw'r seiniau caled.

Er hynny, os bydd **g** neu **b** yn dyblu ar ôl **s**, ni fyddant yn caledu oherwydd nad ydi cytsain yn cael ei hynganu'n ddwbl pan fo ynghlwm â chytsain arall. Mae hon yn hollol gywir felly:

maes gwinwydd ymysg gwenith *(Wiliam Llŷn)*

Ni fydd **h** chwaith yn caledu'r gytsain yng nghanol gair mewn rhai tafodieithoedd — **trisdáu** a yngenir, nid **tristáu** e.e.

dristáu gŵr dros dy garu *(Dafydd ap Gwilym)*

YMARFERIAD 4

Dyma restr o enwau lleoedd sy'n cynnwys y clymiad **st**. *Lluniwch gynganeddion yn eu cynnwys gan naill ai gadw'r* **t** *yn galed neu ei hateb yn feddal yn ôl eich clust.*

Ffostrasol
Castell-nedd
Nantslalwyn
Ynystawe
Rhostryfan
Fforest-fach
Parc y Strade

SEINIAU TEBYG

Mae'r cyfuniad -s g-/d-/b- ar ddiwedd un gair ac ar ddechrau'r gair canlynol e.e.

peips dŵr
dewis gŵr
dros ben

yn medru ateb y cyfuniad -s c-/t-/p- gan fod y ddwy sain mor debyg. Ond ni ddigwydd hyn dim ond pan fo'r s/g a'r s/c, a'r cyfuniadau eraill, ynghlwm wrth ei gilydd naill ai o fewn yr un gair neu ar ddiwedd un gair ac ar ddechrau'r nesaf.

Beth ddwedwch chi — po**BD**y, po**BT**y, po**PD**y neu po**PT**y? Mae'n anodd diffinio'r sain yn hollol gywir ond yr un olaf a sillefir gan mai hwnnw sy'n dod agosaf at y sain a glyw'r glust. Dyma un o amryw o glymiadau o seiniau sydd mor debyg nes ei bod hi'n anodd dweud pa gytsain sy'n galed a pha un sy'n feddal, neu a yw'r ddwy'n feddal neu'r ddwy'n galed. Mae **tg** yn ateb **dc** ac mae **pc** a **pg** yn gwneud yr un modd pan fônt yn gyfuniadau:

    datgladdwn dad celwyddau *(Gruffudd Hiraethog)*
    llaw Hopcyn oll a'i hepgyr *(Lewys Glyn Cothi)*

Bydd y caledwch yn amlycach yn un o'r cytseiniaid fel rheol a'r pryd hwnnw does dim rhaid iddynt fod yn glymiad i greu cynghanedd — mae modd i **g**...**t** neu **c**....**d** ateb **ct**, a **b**...**t** a **p**...**d** ateb **pt**:

    Guto'r Glyn, doc**t**or y glod *(Hywel ap Dafydd)*
    E**ct**or â nerth **c**a**d**arn oedd *(Wiliam Llŷn)*
    y **b**u **t**ano gap**t**einiaid *(Lewys Glyn Cothi)*
    cipiwy**d** i nef, cap**t**en oedd *(Lewis Menai)*

Digwydd hyn yn amlach na pheidio mewn geiriau wedi'u benthyca i'r iaith — mewn geiriau Cymraeg cynhenid, bydd y clymiad yn rhy llac i galedu fel arfer pan ddaw'r cytseiniaid hyn ynghyd:

    cy**d**-**g**erdded coe**d** â **g**ordderch *(Dafydd ap Gwilym)*

Pan ddaw'r cytseiniaid ynghyd mewn dau air gwahanol, ni fyddant yn caledu chwaith. Os bydd cytsain galed ar ddiwedd gair ac un feddal ar ddechrau'r gair sy'n dilyn, ni fydd caledu:

    i Fflint **g**aeth a'i phlant i **g**yd *(Lewys Glyn Cothi)*

ond fe **all** caledu ddigwydd wrth gyd-osod geiriau os daw cytsain feddal yn gyntaf a'r un galed yn ail e.e.

    by**d p**erygl bo**d h**eb **H**arri *(Guto'r Glyn)*
    ha**p c**efaist ymho**b c**yfoeth *(Wiliam Llŷn)*

Ai yn Llam**b**ed neu yn Lan**b**edr y mae swyddfa *Golwg*? Ai yn Nim**b**ach neu yn Nin**b**ych y mae Ysgol Twm o'r Nant? Pan fydd **b** neu **p** yn dilyn y gytsain **n**, bydd yr **n** yn troi'n **m** i'r glust. Mewn cynghanedd, felly, gellir ateb **nb** gydag **mb** ac ateb **np** gydag **mp**.

yn gw**mp**as drain yn ga**np**ig *(Gruffudd Gryg)*
a'**m b**rest yn myned y**n b**en *(Guto'r Glyn)*

Ond mae gennym un clymiad sy'n cynrychioli dwy sain wahanol yn y Gymraeg — **ng** yw honno. Gall gyfleu'r sain yddfol fel yn **engan** (eng-an) neu'r gytsain ddwbl n-g fel **Bingo** (Bin-go). Er eu bod yn edrych yr un fath ar bapur, y sain i'r glust sy'n cyfrif ac ni all y naill gynganeddu â'r llall.

Gwers 12

PENAWDAU PAPUR NEWYDD

Mae *Barddas* yn gylchgrawn unigryw yn y Gymraeg — nid oherwydd ei fod yn gyfnodolyn sydd wedi neilltuo'i dudalennau yn gyfangwbl i gerdd dafod a barddoniaeth, ond hefyd am fod bron y cyfan o'r penawdau uwchben yr erthyglau wedi'u llunio ar gynghanedd! Dyma ichi rai enghreifftiau:

TARO BET AR Y BEIRDD
CYD-GANU TEULU'R TALWRN
ADNABOD EIN HAELODAU
DIRYWIAD YR AWEN
HWYL O HOLI
GORAU DATBLYGIAD GERALLT
DETHOLIAD DA A THEILWNG
HIWMOR Y BEIRDD MAWR A BACH

Does dim dwywaith nad yw'r gynghanedd yn medru bod yn ddefnyddiol ac yn drawiadol wrth lunio penawdau. Mae ambell glec gytseiniol neu odl yn denu'r sylw ac yn hawlio darllenwyr fel y gŵyr golygyddion tabloids Llundain yn dda. O dro i dro, bydd y wasg Gymraeg yn defnyddio'r elfennau hyn gan ddefnyddio llinell o gynghanedd gyflawn hefyd, os bydd honno'n gorffwys yn esmwyth. Yn amlach na pheidio, penawdau ar erthyglau yn dilyn yr Eisteddfod Genedlaethol fydd y rhain. Mae'n siŵr bod clustiau'r gohebwyr a'r golygyddion — heb sôn am y darllenwyr — wedi'u tiwnio'n feinach ar gyfer derbyn neges ar gynghanedd yn dilyn holl ergydion wythnos y Brifwyl yn y Babell Lên. Hefyd bydd ambell linell wedi codi'i phen yn ystod yr wythnos — mewn ymryson, efallai, neu mewn sgwrs ar y maes ac wedi'i hailadrodd gymaint o weithiau nes i enw'r awdur gwreiddiol fynd ar goll ac iddi fynd yn eiddo cyhoeddus. Daw llinellau o'r fath yn arfogaeth gyfleus i olygyddion mewn cyfnod pan yw llawer o'u staff ar eu gwyliau a'r gweddill yn dioddef o dan effaith y farathon ddiwylliannol flynyddol! Dyma un led ddiweddar a gyrhaeddodd y penawdau bras:

ABERGWAUN Y BAW A'R GWYNT

Yn anffodus, dyna grynhoi'r cof cyhoeddus am y Brifwyl honno yng ngogledd Penfro yn 1986. Mae gan lawer atgofion hyfryd am gyfarfodydd llewyrchus y Babell Lên, am hwyl y gweithwyr lleol er gwaethaf pob anhawster a sawl stori i'w hadrodd am y nosweithiau da yn y 'Steddfod honno. Ond y stormydd, y gwynt a'r glaw, y mwd a'r llaid — a hwch Machraeth — a gipiodd y penawdau. Ystyriwch yr enw 'Abergwaun' a beth am geisio llunio penawdau eraill a fyddai'n cyfleu nodweddion eraill yr Eisteddfod honno. Mae'r gair ei hun yn un o'r eithriadau hynny — mae'n air lluosill ac yn diweddu'n acennog:

AbergwAUn
b rg :   n

Gallwn ei ateb yn gytbwys acennog (fel yr enghraifft 'Abergwaun y baw a'r gwynt') gan roi enw'r dref yn rhan gyntaf neu'n ail ran y llinell, neu ei hateb yn anghytbwys ddisgynedig gan roi **gwaun** yn orffwysfa a chael prifodl ddiacen fel **gwenwyn, genau, gwenith, gannoedd, gynnes, gwinoedd, ganu, ugeiniau, gwahanol** ac yn y blaen. Dyma ichi rai enghreifftiau posibl:

BRI AR GERDD YN ABERGWAUN
ABERGWAUN Y BERW GWYCH
HWB I'R GÂN YN ABERGWAUN
ABERGWAUN A'I BRO GYNNES
BWRW I'R GWIN YN ABERGWAUN
ABERGWAUN MOR BÊR EI GŴYL

Ewch ati i lunio mwy, a gorau i gyd os medrwch gadw rhyw naws Eisteddfodol — yn ei holl amrywiaeth — i'r llinellau. Mae pum llinell o gynghanedd Groes ac un Draws yn yr enghreifftiau uchod — ar y cyfan mae'r rheiny'n gwneud gwell penawdau papur newydd. Gall cynghanedd Sain weithio ar brydiau ond ceisiwch osgoi'r gynghanedd Lusg am y tro.

Wedi dihysbyddu'r ŵyl honno, gadewch inni fynd yn ein blaenau at yr Eisteddfodau a ddilynodd gan greu mwy o benawdau. Ym Mhorthmadog yr oedd hi yn 1987. Y tro hwn, gallwn lunio llinell gytbwys ddiacen gyda'r enw 'Porthmadog' yn y rhan gyntaf neu'r ail ran neu gallwn lunio llinell anghytbwys ddisgynedig gyda'r enw'n ffurfio acen y brifodl. Mae'r dewis ychydig yn fwy cyfyngedig y tro hwn, ond dyma rai geiriau a all fod o gymorth:

mwd, mud, medi, mwydo, modern, meudwy.

Cofiwch hefyd am y treigliadau — **'ym mhydew'**, **'ym mhwdin'**, **'ym mhader'** a chyfuniadau posibl fel **'am waed'**, **'am hydoedd'**, **'mae hyder'** ac ati.

Casnewydd oedd cartref Prifwyl 1988. Mae'r acen ar y llafariaid yn yr enw hwn a rhaid cofio hynny wrth geisio canfod acen arall i'w chyfateb e.e.

NOSON WIW YNG NGHASNEWYDD
IAS I NI YNG NGHASNEWYDD

Fyny am Lanrwst, yn Nyffryn Conwy ar ôl hynny — mae 'Llanrwst' eto yn diweddu'n acennog a dylai 'Conwy' fod yn ddigon syml ichi ei ateb erbyn hyn.

Yn 1990, yng Nghwm Rhymni y cynhaliwyd yr ŵyl ac mae'r **mn** ynghanol Rhymni yn ei wneud yn enw anodd iawn ei ateb yn gytseiniol. Gadewch inni droi at gynghanedd Sain am y tro, felly, gan leoli'r enw yn y rhagodl neu'r orodl. Mae digon o ddewis ar gael ichi o safbwynt yr odl **i**.

CWM RHYMNI Y MIRI MAWR
MIRI CWM RHYMNI'N YR HAF

Mae'r Wyddgrug eto yn enw anodd ei gynganeddu'n gytseiniol am fod y clymiad **ddgr** yng nghanol y gair. Un ffordd o ddod dros anhawster felly yw ffrufio geiriau cyfansawdd (hynny yw, rhoi dau air yn sownd yn ei gilydd er mwyn creu gair newydd) e.e. mae 'newydd' a 'grêt', o'u cydio yn ei gilydd yn rhoi'r gair 'newyddgret' gyda'r acen ar yr **YDD**gret. Fe ellid cael cynghanedd (drwsgl iawn!) tebyg i hyn:

NEWYDDGRET ŴYL YR WYDDGRUG

Y dewis arall yw llunio cynghanedd Sain e.e.

YR WYDDGRUG A'I DIWYG DA

O Glwyd i lawr i Geredigion i Eisteddfod Aberystwyth yn 1992

AR HAST I ABERYSTWYTH
A lle gawsoch chi lety yno?
HOSTEL YN ABERYSTWYTH
Yna i Faesyfed i Brifwyl Llanelwedd:
LLAWN HWYL FU HI'N LLANELWEDD
LLAWEN ŴYL YN LLANELWEDD
Yno y cafwyd yr awdl afieithus ar y testun 'Gwawr':
LLANELWEDD LLAWN O OLAU

Ar ôl 1993, rhaid troi am Gastell Nedd, Bro Colwyn, Pen-y-bont, y Bala a Llandeilo — a dyna hen ddigon o dasgau am y tro!

Y TUDALENNAU CHWARAEON

Mae golygyddion y tudalennau chwaraeon yn hen lawiau ar chwarae ar eiriau a chwarae ar enwau rhai o'r sêr. Gallwn ninnau wneud yr un peth ar gynghanedd — ac er mor ddieithr ac estron yw rhai o enwau'r pencampwyr hyn, mae'n bosibl eu cynganeddu'n rhyfeddol:

BOYCOTT YN CICIO'R BWCED
RYAN GIGGS: TARAN O GÔL
CAMPUSWIB GAN CAMPESI
SLAM I WOOSNAM MEWN UN
YN Y BATH EFO BOTHAM
DEWINIAETH MARADONNA
BRISTOW YN COLLI'R BRASTER
AI BRUNO FYDD Y BRENIN?
ANAFU IEUAN EVANS

Ceisiwch chithau lunio mwy o benawdau gyda'r enwau uchod a dyma restr o enwau eraill ichi feddwl drostynt:

GAZZA, BALLESTEROS, IAN RUSH, TYSON, MANSELL, SCOT GIBBS, PIGOTT, NAVRATILOVA.

Y DUDALEN FLAEN

AREST YN ABERYSTWYTH
CRIW DA YN RALI CAERDYDD
TROELLWYNT YN TARO'R TRALLWM

Mae enwau lleoedd o bob rhan o'r byd yn llenwi penawdau'r newyddion yn gyson. Er mor ddieithr yw rhai ohonynt, mae modd eu cynganeddu hwythau, dim ond penderfynu ble mae'r acen yn disgyn. Yn Saesneg, nid yw'r acen i'w chlywed mor eglur ag yn y Gymraeg a rhai ieithoedd Ewropeaidd eraill, felly rhaid Cymreigio'r ynganiad. Er enghraifft, bydd Saeson yn tueddu i acennu'r sillaf gyntaf:

MANchester; HOLLywood, BIRmingham

Wrth i ni, Gymry, ynganu'r rhain, byddwn yn newid a chryfhau'r acen —

ManCHESTer; Holly-WOOD, Birming-HAM

Er mwyn cynganeddu, rhaid defnyddio acen Gymreig i'r enwau Saesneg — ond does dim trafferth o gwbl gydag enwau yn y rhan fwyaf o ieithoedd eraill gan eu bod yn acennu'n debyg i'r Gymraeg:

Riviera, Santa Rosa, Wanganui
Katmandu, Guyana,
Barcelona, Amsterdam, Paraguay.

Mae rhai o'r enwau hyn yn diweddu'n acennog. Gyda'r rhai sy'n diweddu'n ddiacen, lluniwch gynganeddion Llusg i ddechrau arni cyn mynd ati i lunio Croes, Traws neu Sain â phob un ohonynt.

Beth am benawdau i'ch papur bro — lluniwch gynganeddion yn seiliedig ar enwau trefi a phentrefi eich ardal chi.

Neu beth am benawdau i ddigwyddiadau cyffrous yn hanes Cymru:

RHUFEINIAID AR Y FENAI
EILUN Y DORF YN GLYNDŴR
ANRHEFN AR STAD LORD PENRHYN

CREU CWPLEDI

Dwy linell seithsill o gynghanedd, gydag un llinell yn diweddu'n acennog a'r llall yn ddiacen — dim ots am y drefn, cyn belled nad oes cynghanedd Lusg yn yr ail linell — dyna yw cwpled o gywydd. Dim ond pedair sillaf ar ddeg a geir ynddo i gyd — does dim llawer o le i ddweud fawr ddim mewn mesur mor fyr. Eto, mae'n rhyfeddod bod cymaint wedi'i grynhoi i gyn lleied o eiriau mewn cwpledi Cymraeg ar hyd y canrifoedd. Mae rhai cwpledi yn ddiarhebion yn yr iaith erbyn hyn a gelwir gwirionedd cyffredinol sydd wedi'i fynegi'n ddiwastraff ar fydr ac odl yn **epigram**. Dyma rai epigramau ar fesur cywydd:

>Ni phery stad na phwrs dyn
>na'i gywoeth fwy nag ewyn.
>*Guto'r Glyn*

>A fo gwan genfigennwr,
>hir yn was a hwyr yn ŵr.
>*Lewys Glyn Cothi*

>A dyfo o bendefig,
>a dyf o'i wraidd hyd ei frig.
>*Dafydd Nanmor*

>Hysbys y dengys pob dyn
>o ba radd y bo'i wreiddyn.
>*Tudur Aled*

>Gwell i ŵr golli'i arian
>na cholli gwedd y gwan.
>*Wiliam Llŷn*

>Ifanc, ifanc a ofyn;
>henaint, at henaint y tynn.
>*Sion Phylip*

Mae'r cwpled olaf yn ein hatgoffa o wirionedd sydd wedi'i gostrelu mewn hen ddihareb Gymraeg yn ogystal —

>adar o'r unlliw hedant i'r unlle

ac mae'n ddigon posibl y medrwch chithau ganfod diarhebion neu benillion eraill sy'n dweud yr un peth yn y bôn â rhai o'r cwpledi hyn, dim ond ei ddweud mewn ffordd wahanol.

Creu darluniau newydd gyda geiriau newydd i hen, hen ddoethineb a wneir drosodd a throsodd. Mae modd i ninnau geisio efelychu hyn drwy fenthyca gwirionedd o rai o ddiarhebion cynhenid y Gymraeg. Dyma ichi ddetholiad i ddewis ohonynt:

    A ddwg ŵy, a ddwg fwy.
    A fo ben, bid bont.
    Amlwg llaid ar farch gwyn.
    Buan ar farch, buan i'r arch.
    Cadw ci a chyfarth fy hunan.
    Dyfal donc a dyrr y garreg.
    Gorau prinder, prinder geiriau.
    Hawdd cynnau tân ar hen aelwyd.
    Nid aur yw popeth melyn.
    Tew y beiau lle tenau'r cariad.

Mae patrwm 'a ddwg ŵy a ddwg fwy' yn un syml i'w ddynwared mewn cynghanedd. Fedrwch chi ychwanegu at y rhestr hon tybed:

    a ddwg fawn a ddwg fynydd
    a ddwg lain a ddwg y wlad
    a ddwg geiniog 'ddwg ganwaith
    a ddwg weiryn 'ddwg erw.

O chwilio am bartneres i odli ag un o'r llinellau hyn, gan gofio bod rhaid i un ddiweddu'n acennog a'r llall yn ddiacen, byddai gennym gwpled cywydd.

    Bachddwyn yn fawrddwyn a fydd —
    a ddwg fawn, a ddwg fynydd.

    Gwan yw ef a ddwg un waith —
    a ddwg geiniog 'ddwg ganwaith.

Gadewch inni ystyried enghraifft arall — 'cadw ci a chyfarth fy hunan'. Er mwyn aralleirio hen wirionedd, mae'n rhaid cael geiriau newydd. Geirfa eang yw un o hanfodion meistrolaeth ar gerdd dafod. Mae modd newid y llun er mwyn ehangu'r dewis o eirfa e.e. yn lle cael ci/cyfarth, beth am tarw/rhuo; Fferari/cerdded;

garddwr/chwynnu ac yn y blaen. Fedrwch chi weithio ar y geiriau hynny. Hidiwch befo am eiriau llanw a cheisio curo'r ddihareb wreiddiol — mae'n amhosib creu dim fydd cystal â'r hen wirebau hyn, ond o leiaf mae'n gyfle i geisio dod â sŵn a synnwyr ynghyd i'ch llinellau cynganeddol. Beth am:

> Talu am gael Rotweilar,
> ond mae sŵn hwnnw'n rhy wâr.

> O mor wael, fe ddaeth im rhan
> hen swsiwr o Alsêshan.

> Rhoi arian am Fferari
> ond ar feic am dro'r af i.

O gael gafael ar eiriau fel Rotweilar, Alsêshan a Fferari, mae modd adeiladu cwpledi o'u cwmpas. Ceisiwch chithau feddwl am eiriau newydd yng nghyd-destun y diarhebion eraill yn y rhestr uchod, yna creu llinell ac yna ei hateb er mwyn creu cwpled gan gadw'r sylwgarwch sydd yn y ddihareb wreiddiol yn eich cof.

DYFALU

Mae disgrifio gwrthrychau fel march, uchelwr, gwallt merch, eira, hebog, cŵn hela yn hen gelfyddyd mewn barddoniaeth Gymraeg. Gwneir hynny yn aml drwy dynnu lluniau o wrthrychau eraill gyda geiriau a cheisio creu un darlun drwy gyfrwng nifer o luniau. Mae'n rhaid wrth ddychymyg byw a llygad craff i wneud hynny a'r term am y math afieithus hwn o ddisgrifio mewn barddoniaeth yw **dyfalu**. Roedd yr hen gwyddwyr yn bencampwyr ar y grefft:

> Dwyglust feinion aflonydd,
> dail saets wrth ei dâl y sydd.
> *Tudur Aled i'r march*

> Ai plisg y greuen wisgi,
> ai dellt aur yw dy wallt di?
> *Dafydd Nanmor i wallt Llio*

> Sêl a dawn Is Aled oedd,
> swllt aur dros ei holl diroedd.
> *Tudur Aled i uchelwr*

Bugail ellyllon bawgoel,
bwbach ar lun mynach moel.
Dafydd ap Gwilym i'w gysgod

Trwy Wynedd y trywenynt,
gwenyn o nef, gwynion ŷnt.
anhysbys i'r eira

Ail y carw, olwg gorwyllt,
a'i draed yn gweu drwy dân gwyllt.
Tudur Aled i'r march

Nïwl o gylch canol gên,
nyth anadl yn eithinen.
Lewys Glyn Cothi i'w farf

Dulas ydyw'r dail sidan,
duwyrdd a meillionwyrdd mân.
Deio ab Ieuan Du i'r paen

A'i fwng yn debig ddigon
i fargod tŷ, neu frig ton.
Guto'r Glyn i'r march

Lliw eu cyrff hwy fal mwyar,
lliw ewyn gwyn ar bob gwar.
Huw Cae Llwyd i ddau filgi

Dy wyneb fal od unnos,
dy rudd fel cawod o ros.
Dafydd ab Edmwnd i ferch dlos

Mae defnyddio natur, y tywydd a'r tymhorau yn rhan o grefft bardd i ddyfalu a darlunio teimladau dyfnaf dyn. Weithiau deuir â dau fath o dywydd at ei gilydd i'r un cwpled gan greu gwrthgyferbyniad trawiadol. Wedi colli uchelwr o bwys, meddai Tudur Aled:

Haul oedd bob heol iddo,
niwl a fydd yn ei ôl fo.

Mewn cywydd arall, mae'r un bardd yn dyfalu ei hiraeth a'i alar i oerfel a rhynwynt gaeafol sy'n chwythu o bob cyfeiriad ac yntau'n methu â chynhesu dim:

> Gorllewin, — garw y lliwynt,
> gogledd oll, — gwagleoedd ŷnt;
> Dwyrain, deau a oeres,
> darfu 'mron drwof am wres;
> ni thynn na gwin na thân gof
> ias Ionor y sy ynof!
> man nid oedd im annwyd i,
> mae'r iâ'n treiddio 'mron trwyddi.

Mae crefft y dyfalwr yn fyw ac yn iach o hyd wrth gwrs. Mae rhai o'r dyfeiswyr sy'n llunio hysbysebion ar gyfer papurau, cylchgronau a theledu yn meddu ar raff go hir o ddychymyg a dweud y lleiaf. Ond pam na ellir defnyddio'r gynghanedd i hysbysebu? Mae hynny eisoes yn digwydd, debyg iawn — agorwch sawl papur bro a bydd englyn neu gwpled i'w weld mewn amryw o hysbysebion. Dyma ffordd go wreiddiol a chwbl Gymreig o hysbysebu nwyddau neu wasanaeth:

CIG OEN CYMRU
— does dim blas tebyg

Seigiau gorau ein gwerin — a dewis
Digon da i frenin,
Oen Cymru'n fenyn ar fin
Yw'r cig ar gyfer cegin.

SWYDDFA'R POST MYNYTHO
VALERIE a RICHARD ROBERTS   Ffôn 740266

Bwydydd
Papurau Newydd
Cardiau Cyfarch
Cwrw – Gwinoedd
Bara a llaeth ffres
Ffrwythau a llysiau

Yno'n rhwydd ceir pob nwyddau – yno mae'r
cig moch a'r blas gorau,
Mae i'w chrad draddodiadau,
Enwog le, awn yno'n glau.   D.G.

ABEL WILLIAMS A'I FAB
Talafon, Abersoch 2511
Groser, Gwin a Gwirod

Dylifwch i Dalafon – eleni
Ymlynwch yn ffyddlon,
Prynwch berffaith ddanteithion
Y siop hyglod hynod hon.   A. Ll.

Does dim rhaid ei gadael hi yn y fan honno chwaith. Gallwn wneud rhestr o'r nwyddau sy'n cael eu hysbysebu'n gyson ar y sgrîn fach ac yna mynd ati i lunio cwpledi pwrpasol. Ond yn gyntaf, mae'n rhaid inni gael digon o eiriau at ein galw. Felly rhaid dewis testun a chrynhoi'r math o eirfa a ddefnyddir fel arfer wrth hysbysebu'r nwydd hwnnw. Wedi gwneud hynny, byddwn yn barod i'w cynganeddu a'u hodli.

LAGER

Geirfa bosibl:
nectar, mêl, heulwen, aur, Ostrêlia, pelydrau, llwnc, syched, melfed, llyfn, sidan, gwddw, ffynnon, anialwch, melyn, peint, gwên, hyfryd, haf, oer, hir.

Cwpledi posibl:
Rhannu'i Awst a'i aur a wna,
Awst yr haul o Ostrêlia.

O'i gael y llwnc 'glyw wellhad
a llesol yw'r arllwysiad.

Os achwyn wyt o syched,
wele frawd i felfared.

Un i gynnal y galon,
un llwnc i dy wneud yn llon.

Lliw mêl mewn llam o heulwen,
daw'r haf drwy belydrau'i wên.

Mae'n siŵr y medrwch chithau gael ysbrydoliaeth i ychwanegu at yr eirfa a'r cwpledi hyn. Yna, ewch ymlaen i wneud yr un peth gyda'r hysbysebion isod.

CAR
Geirfa bosibl:
cyflymder, mellten, gwib, gwennol, metel, steil, cryf, nerthol, sbîd, siapus, llyfn, esmwyth, cyfforddus, crand, pwerus, cornelu, cadarn, diogel, castell, amddiffyn, teulu, rhad, rhedeg.

SHAMPŴ
Geirfa bosibl:
blodau, meillion, lili, persawrus, nant y mynydd, rhosyn, anwes, dŵr, croyw, gloyw, braf, clir, gofal, tyner, meddal, steil, siap, edrychiad, golwg, cyffwrdd, teimlad.

COFFI
Geirfa bosibl:
cryf, cyfoethog, blas, deffro, bore, clirio, clywed, tarth, arogl, cynnes berwi, mwynhad, atgyfnerthu, dihuno, trefn, paned, mwg, gwynt, tân.

Gwers 13

MESURAU CERDD DAFOD

Mae dosbarthiadau cynghanedd fel arfer yn ateb yr union ddisgrifiad hwnnw – sef dosbarthiadau sy'n astudio ac yn creu llinellau o gynghanedd. Bydd hynny yn ymestyn wedyn at greu englynion a chwpledi o gywydd deuair hirion, gan ganolbwyntio felly ar y llinell seithsill, yn union fel ag a wnaed hyd yn hyn yn y gyfrol hon.

Cyn gadael y ddau fesur hwnnw, dyma ychydig o sylwadau pellach:

Cywydd deuair hirion

Hyd yma, dim ond cwpledi unigol o gywydd rydym wedi'u creu. Er mwyn creu cywydd meithach, nid dim ond clymu cyfres o gwpledi unigol a wneir – mae'r cywyddwyr yn asio cwpledi i'w gilydd gan greu paragraffau neu benillion i'r gerdd. Weithiau bydd y penillion yn gyfartal o ran hyd – yn 6 neu 8 llinell yr un ac mae hynny'n gyfleus er mwyn ei osod ar gerdd dant. Cafodd y cywydd llafar fri newydd ar y Talwrn a hefyd yn nosweithiau Cywyddau Cyhoeddus ddiwedd yr ugeinfed ganrif. Mae'n fesur ardderchog i adrodd stori, i ddychan ac i ddal sylw cynulleidfa. Mae llyfnder ar dafod ac esmwythra ar y glust yn hanfodol iddo.

Un ffordd o sicrhau hynny yw amrywio lleoliad y llinell acennog o fewn y cwpled. Os yw un cwpled yn rhoi'r llinell acennog yn gyntaf, yna mae'n syniad go dda anelu at gael y llinell acennog yn olaf yn y cwpled sy'n dilyn. Yn sicr, ni ddylid rhoi mwy na dau neu dri chwpled ar ôl ei gilydd sy'n dilyn yr un patrwm acennu neu bydd y cywydd yn swnio'n gloff ac undonog. Does dim rhaid cadw'n ddeddfol at frawddegu yn llinellol neu fesul cwpled chwaith. Mae'n beth braf bod brawddeg o farddoniaeth weithiau'n ymestyn dros nifer o linellau gan ddod ag amrywiaeth i fydr a all swnio'n bytiog os cedwir at symudiad fesul cwpled yn unig. Gan fod iddo draddodiad gwych a nifer o grefftwyr gloyw yn ei drin y dyddiau hyn, does dim amheuaeth mai'r cywydd yw un o fesurau godidocaf, mwyaf hyblyg, mwyaf dychmyglon cerdd dafod. Gall fod yn ddeg llinell o hyd, gall fod yn gant; gall fod yn glasurol, goeth a gall fod yn smala, sionc; gall fod yn drist wylofus a gall fod yn ffraeth ac ysgubol.

Englyn unodl union
Mae'r englyn unodl union, fel y gwelsom, yn gyfuniad o ddau fesur – y toddaid byr a'r cwpled cywydd (y cywydd deuair hirion yw ei derm swyddogol). Mae ugeiniau o filoedd o englynion unigol ar gael yn yr iaith a gorau po fwyaf ohonynt y medrwch eu cadw ar eich cof! Defnyddir yr englyn hefyd fel pennill o gerdd feithach sy'n gyfres o englynion. Weithiau bydd cyfres o englynion yn cael ei galw'n **gadwyn** gan eu bod wedi'u cysylltu â'i gilydd drwy ailadrodd gair neu ymadrodd ar ddiwedd llinell olaf un englyn ar ddechrau llinell gyntaf yr un sy'n ei olynu. Ar ben hynny rhaid gorffen yr englyn olaf gydag un o eiriau cyntaf llinell gyntaf yr englyn cyntaf nes bod y gadwyn yn un hollol gron. Saith englyn a geir mewn cadwyn fel rheol. **Gosteg o englynion** yw cyfres o ddeuddeg englyn wedi'i chanu ar un odl.

Mesurau eraill
Er mor hyblyg yw'r englyn a'r cywydd, os am greu rhychwant eang o gerddi ar gynghanedd, yna mae'n rhaid wrth ragor o arfogaeth. Rhaid gwneud mwy nag astudio'r gynghanedd – rhaid astudio **cerdd dafod** – y sach honno sy'n dal holl arfau a thrysorau traddodiadol barddoniaeth Gymraeg.

Yn ystod yr ugeinfed ganrif, does dim dwywaith mai'r gynghanedd seithsill a mesurau mwyaf cyffredin yr englyn a'r cywydd fu'n cael eu defnyddio amlycaf yng ngwaith y beirdd caeth. Maent yn fesurau defnyddiol ac yn ystod chwarter olaf y ganrif yn arbennig, gwelwyd sawl cystrawen, mynegiant ac arddull newydd yn cael ei wisgo am y mesurau hynny. Datblygodd yr englyn un frawddeg, neu'r englyn 'Arfonaidd' dan stamp y meistr T. Arfon Williams; daeth bri hefyd ar y cywydd baledol, hunanddychanol yn sesiynau'r Cywyddau Cyhoeddus.

Yng nghystadlaethau ffurfiol yr eisteddfod, daeth yn arferiad bellach i weld mwy o amrywiaeth o fesurau na'r tri neu bedwar a fu fwyaf cyffredin am ran helaethaf yr ugeinfed ganrif. Ystwythwyd rheolau cystadleuaeth y gadair yn yr Eisteddfod Genedlaethol i ganiatáu i hynny ddigwydd; noddodd y cylchgrawn *Barddas* gystadleuaeth yn Nhachwedd 2002 yn gofyn am gerdd ar amrywiaeth neu amrywiadau ar y mesurau traddodiadol.

Er mwyn 'creu amrywiadau' ac er mwyn defnyddio mwy o amrywiaeth o fesurau nid er mwyn cyflawni camp ond yn hytrach er mwyn creu mwy o amrywiaeth i rythmau cerdd gynganeddol – rhaid rhoi sylw i rai o linellau a mesurau sylfaenol cerdd dafod. O astudio nifer o fesurau cerdd dafod, gwelwn mai cyfuniadau o elfennau sylfaenol sydd yno – yr enghraifft amlycaf mae'n siŵr yw'r englyn unodl union ei hun, sy'n gyfuniad o doddaid byr a chywydd deuair hirion yn cynnal yr un brifodl.

HANFOD Y BRIFODL

Os mai creu amrywiaeth o rythmau mewn cerdd gynganeddol yw'r dymuniad, y cwestiwn amlwg yw: pam na ddefnyddiwn **vers libre** cynganeddol. Mae'n wir bod arbrofion digon difyr wedi'u gwneud ar y ffurf honno, ond yn bersonol ni chredaf y gellir ei ystyried fel mesur cerdd dafod. Mae cynghanedd gyflawn yn dibynnu ar gynnal cerddoriaeth y geiriau, nid yn unig o fewn y llinell ei hun ond hefyd rhwng llinellau â'i gilydd drwy gynnal prifodl (gan gofio bod y term 'prifodl' yn cynnwys cyfatebiaeth broest fel 'odl' o dro i dro). Wedi dweud hynny, mae'n rhaid cydnabod bod 'mesur Madog' T. Gwynn Jones a'i gerddi hirion ar fesur cynghanedd ddecsill di-odl yn herio'r gosodiad hwnnw! Ond o leiaf, mae cydbwysedd y sillafau o fewn yr unedau yn creu miwsig rhwng llinellau yn y mesurau hynny.

AMRYWIO HYD LLINELLAU O GYNGHANEDD

Cynghanedd pedair sill

I Dduw ddiwair *(Dafydd Nanmor)*
Braich tir Brychan *(Dafydd Nanmor)*
Da wyt a doeth *(gramadeg Gruffudd Robert)*

Cynghanedd pumsill

Ei dad o Dewdwr *(Guto'r Glyn)*
Dy nawdd Duw yn nes *(Wiliam Llŷn)*
Iesu, wylasom *(Tudor Aled)*
A'th gledd rhwng wyth glan *(Dafydd Nanmor)*
Rhys Llwyd goris llech *(Lewys Glyn Cothi)*

Cynghanedd chwesill

Deunawtir dôn ato *(Guto'r Glyn)*
Ni weles santes well *(Lewys Glyn Cothi)*

Cynghanedd wythsill

Henaint anghywraint a hiraeth *(Dafydd ap Gwilym)*
Credwn nad haelach creadur *(Guto'r Glyn)*
Am y tad mae gwlad fal môr glas *(Wiliam Llŷn)*
Llys i'r holl ynys i roi llyn *(Dafydd Nanmor)*

Cynghanedd naw ban (naw sillaf)

Gwelaf yn bennaf ei unbennaeth *(Dafydd ap Gwilym)*
A'r odlau i'r gog a'r dail a'r gwŷdd *(Guto'r Glyn)*
Y bo beirdd Cymru yn clymu'ch clod *(Wiliam Llŷn)*
Ni bu yma 'rioed neb mwy a rydd *(Tudur Aled)*
Ni bu glerwyr yno heb glared *(Dafydd Nanmor)*
A oes hwy oedran na mis Hydref? *(Lewys Glyn Cothi)*

Cynghanedd ddecsill

Yn ddur tra gwrawl, yn ddewr trugarog *(Wiliam Llŷn)*
I galon, dŵr a goleuni dydd *(Tudur Aled)*
Ag adar o dir a physgod o donn *(Dafydd Nanmor)*
a mis Mai hefyd a mis Mehefin *(Lewys Glyn Cothi)*

Cynghanedd ddeuddengsill

Ni bu lewach calon, ni bu bwlch y cilud *(Dafydd Nanmor)*

MESURAU SY'N SEILIEDIG AR LINELLAU UNIGOL O GYNGHANEDD YN ODLI NEU BROESTIO

Cywydd deuair hirion

Rydym eisoes wedi cyfarfod hwn. Mae'n defnyddio'r llinell seithsill fel sylfaen, yn odli fesul dwy i lunio cwpledi, gan ofalu bod un llinell yn acennog a'r llall yn ddiacen ymhob cwpled.

Cywydd deuair fyrion

Yr un patrwm odli a'r un patrwm acennu â'i frawd mawr, ond yn seiliedig ar linellau pedair sillaf. Canodd Emyr Lewis ganiad trawiadol ar y cywydd deuair fyrion yn ei awdl i'r llanc ar sgwâr Tiananmen a daflodd ei hun o flaen tanciau'r fyddin:

> Maes Tiananmen
> wylo halen:
> rhua'r awyr
> yn dân a dur,
> damsang angau
> brwnt y plant brau,
> hyrddio harddwch
> i'r llaid a'r llwch.
> wylo halen
> maes Tiananmen.

Fel y gwelwch, mae'n dilyn yr un egwyddorion yn union â'r cywydd deuair hirion – cwpledi'n odli gydag un yn acennog a'r llall yn ddiacen, dim ond bod hyd y llinellau yn bedair sillaf yn hytrach nac yn saith sillaf. Ni chaniateir cynghanedd Lusg yn ail linell cwpledi'r cywydd deuair fyrion chwaith.

Englyn milwr

Tair llinell seithsill yn odli. Rhyddid i acennu fel y mynnir.

Englyn proest cyfnewidiog

Pedair llinell seithsill yn proestio. Rhyddid i acennu fel y mynnir. Ceir enghreifftiau o englynion proest chwe llinell o hyd hefyd.

> Ei win o Gaerfyrddin fardd,
> Ac aur a gaiff gwŷr o gerdd.
> Ei gan a'i fedd a gawn fyrdd
> A'u derbyn i'w bedwarbwrdd.

Guto'r Glyn

Mae enghreifftiau o englynion proest yn ymestyn dros bum llinell a chwe llinell hefyd. Dyma un arall gan Guto'r Glyn:

> Medd, cwrw, nis maddau Corwen,
> Mêl cwyraidd mal y carwn;
> Mae d'aur i'n pyrsau'r person,
> Mae dy gost ym mwyd a gwin.
> Mawr yw d'air am roi d'arian
> Mewn gwindai mwy nag undyn.

Englyn proest cadwynog

Pedair llinell seithsill; llinellau 1,3 yn odli; llinellau 2,4 yn odli a'r ddwy odl yn proestio â'i gilydd. Rhyddid i acennu fel y mynnir.

> Glasfedd i'w gyfedd a gaf,
> Gwin hwn llawer gwan a'i hyf.
> Gorau gŵr a gwraig araf,
> Gorau dau hyd ar Gaerdyf.

Guto'r Glyn

Cyhydedd bumsill

Llinellau pumsill yn odli. Rhyddid i acennu fel y mynnir. Nid oes rhif penodol o linellau i bennill nac awdl.

> Tri hael fal tri hydd
> yn saint ynn y sydd:
> Rhydderch ben rhoddydd,
> Ifor, a Dafydd.
>
> Tri dewrion llonydd:
> Geraint a Gweirydd,
> o'r tridyn trydydd
> ydiw ef Dafydd.
>
> Tri serchol dolydd
> a gawn un gynnydd,
> sef Troilus, Ofydd,
> deufab a Dafydd.

Lewys Glyn Cothi

Y gyhydedd fer

Llinellau wythsill yn odli. Rhyddid i acennu fel y mynnir. Nid oes angen rhif penodol o linellau i greu pennill neu awdl.

Cyhydedd nawban

Llinellau nawban yn odli. Rhyddid i acennu fel y mynnir. Nid oes rhif penodol o linellau i bennill neu awdl nawban.

Mae'n llys yr arglwydd, pawb a'i gwyddiad,
heinsmyn a iemyn yn ddiymwad,
cwrseriaid euraid yn gweryrad,
cyrn, bwâu i ryfel, ceirw'n brefiad,
milgwn yn Hwitnai, cant bytheiad,
cynyddion ddigon, un ddiwygiad,
ceginau Ystwyll, cogau'n wastad,
bwtler, seleri, seiri'n siarad,
ac o'r llys gwerin yn chwerthinad,
ac o'r tŵr cannwr heb gael cennad,
ac o'r wraig egin a llin penllâd,
ac o'r gŵr epil a hid a had.

Lewys Glyn Cothi

Cyhydedd ddecsill

Mae enghreifftiau o'r gynghanedd ddecsill yn cael ei defnyddio i ffurfio penillion heb doddeidiau yn ein cloi. Rhyddid i acennu fel y mynnir. Dyma enghraifft o waith Dafydd Nanmor:

Llety a gefais gerllaw teg afon,
Llawn o ddaioni a llawen ddynion.
Llyma un adail lle mae newidion,
Llys rydd, a'n lle sydd yn y wenllys hon.

Gorau llys i wŷr gerllaw Is Aeron.
[A] gorau llywiawdr hyd Gaerlleon.
Gorau yw tario gyda'r gŵr tirion,
Cynhaeaf, gaeaf, gwanwyn, haf yn hon.

Cyhydedd ddeuddengsill

Mae gan Dafydd Nanmor hefyd awdl ddeuddengsill sy'n amrywio aceniad y llinellau yn ôl ei ddewis.

MESURAU SY'N SEILIEDIG AR AMRYWIAETH
O LINELLAU A PHATRYMAU ODLI GWAHANOL

Toddaid byr
Dwy linell gyntaf englyn unodl union. Mae'r saith sillaf cyntaf (neu 8,9) yn llunio cynghanedd, yna gair cyrch teirsill (neu 2,1) yn cynganeddu a dechrau'r ail linell (neu lunio cynghanedd Sain â'r ail linell gyfan). Cyfanswm hyd y llinell gyntaf yn ddecsill a'r ail linell yn chwe sillaf. Yr ail linell i ddiweddu'n ddi-acen ac i odli â'r llinell o gynghanedd sydd o flaen y gair cyrch yn y llinell gyntaf.

Toddaid
Yr un fath â'r toddaid byr ond bod yr ail linell yn gyhydedd nawban ac yn gynghanedd gyflawn ar ei phen ei hun. Diwedd y gair cyrch i greu odl â diwedd yr orffwysfa yn yr ail linell. Rhyddid i acennu'r brifodl fel y mynnir. Clymir toddeidiau weithiau i greu awdl, fel yn yr enghraifft hon o ganu Dafydd Nanmor

> Aml wylaw mal glaw ar glawr – y Deau.
> Aml llif o dremau, aml llef dramawr.
> Aml i mae oer wae am wawr – aneirif,
> Aml drem a wnâi'r llif, aml dŵr mewn llawr.
>
> Aml cŵyn am i ddwyn, ni bydd awr – o'm cof.
> Aml yr iâ ynof mal eiry Ionawr.
> Nid ad Mair, ni chair yn garcharawr – plaid,
> Na rhestio'r enaid, na [rhwystr] unawr.

Awdl-gywydd
Dwy linell seithsill; diwedd y llinell gyntaf yn odli'n fewnol â gorffwysfa yr ail linell; diwedd yr ail linell yn cynnal y brifodl.

Rhupunt byr
Rhennir yn dair rhan, pob un yn bedair sillaf o hyd. Mae diwedd

y rhan gyntaf a diwedd yr ail ran yn odli (rhagodl) ac mae'r ail ran yn llunio cynghanedd gyda'r drydedd ran. Mae diwedd y drydedd ran hefyd yn cynnal y brifodl. Ar un adeg gorgymhlethwyd y mesur hwn ag odlau dwbl a chynganeddu pob cymal acennog – ond nid yw hynny'n hanfodol wrth ganu ar y mesur.

> Caraf benrhaith côr arianwaith carai rinwedd,
> Crair gair a gad y drwy gariad, ei drugaredd.

> *Gruffudd ap Maredudd ap Dafydd*

Rhupunt hir

Fel y rhupunt byr, ond bod un cymal pedair sillaf ychwanegol yn cynnal y rhagodl.

> Un oes a wnair, a dwy neu dair,
> I'r Iarll a gair, er lliw a gwedd.
> A'r groes oedd grair i Dduw ddiwair
> A bair Gwyryf Fair, a'r Gŵr a fedd.

> Meddo rannau modd ariannau
> Mal derw bannau, amylder bonedd.
> Mawr winllanau ym mron llannau
> Yn berllannau bu erllynedd.

> *Dafydd Nanmor*

Cyhydedd hir

Mae pedair rhan i'r mesur – mae'r tair rhan gyntaf yn bum sillaf yr un ac yn cynnal rhagodl. Mae cynghanedd bumsill yn y ddwy ran gyntaf, mae cynghanedd gyflawn hefyd rhwng y drydedd ran a'r rhan olaf sy'n bedair sillaf o hyd ac yn diweddu gyda'r brifodl. Mae rhyddid i acennu'r rhagodlau a'r brifodl fel y mynnir.

> Ac aur trwm ger Tren a gawn heb gynnen,
> A diolch awen awdl a chywydd.

A llys ar ei lled y lleddir lludded,
A lle afrifed, a llyfr Ofydd.

Gwin hoyw gynhaeaf, a gweoedd gaeaf,
Y gwanwyn a'r haf i ganu'n rhydd.

Brau gig, bara gwyn, a bragod brigwyn,
A pherwaith gwenyn, a ffrwyth gwinwydd.

Guto'r Glyn

Ni ddeil calon ddur,
Ni chwardd bardd yn bur,
Nid cur, nid dolur, ond dialedd;
Nid dydd dydd, o'i dwyn,
Nid gwin gwin – gwenwyn;
Nid cŵyn cŵyn, wrth gŵyn araith Gwynedd.

Tudur Aled

Tawddgyrch cadwynog

Mesur gorchestol sydd bellach wedi encilio i werslyfrau sy'n astudio cerdd dafod yn hytrach nac yn ceisio hybu'r defnydd o gerdd dafod. Yno mae ei le! Felly hefyd ddau fesur clogyrnaidd a orgywreiniwyd gan Dafydd ab Edmwnd: gorchest y beirdd a chadwynfyr.

Dyma enghreifftiau a restrir o dan 'Gorchestion Dafydd Nanmor' sy'n dangos eu hoffter o gywreinio eu campau geiriol y tu hwnt i ofynion creu barddoniaeth yn unig:

> 'Pennill o doddaid a'r un cymeriad.
>> Gwag gog giw gwaegog gav goegwig – gwywgog
>> Gigog gyw gagog gwayw gwiwgig.

Pennill o dowddgrych cadwynog a chymeriad cadwedig o'r rhyw gydsain bob sillaf, a phob sillaf yn ateb i'w gilydd o'r hanner cynta:

Gwas gwynn goes gawdd
Gais gwin gwys gwann
Gwawr gyd gaer gann
Gwâr ged garr gwair.

Glas glynn gloes glawdd
Glais glin glwys glann
Gawr gryd gwawr grann
Garr gred gwarr grair.

Gŵr gwenn gwŷr gaf
Gardd gled gerdd glaf
Gwyll gwydd gwell gwaf
Goll gwedd gwall gair.

Gawr grynn gyrr graf
Garw gyr gwir gaf
Geilw gnwd gwyl gnaf
Gloyw gnawd glew gwnair.'

MESURAU SY'N GYFUNIADAU O FESURAU ERAILL

Englyn unodl union
Toddaid byr a chynydd deuair hirion yn cynnal un brifodl.

Englyn cyrch
Cywydd deuair hirion ac awdl-gywydd yn cynnal un brifodl.

Englyn pendrwm
Toddair byr ac awdl-gywydd yn cynnal un brifodl.

Englyn penfyr
Toddaid byr ac un llinell seithsill ychwanegol yn cynnal y brifodl.

Y cyfan yw'r mesur hwn yw englyn unodl union heb y llinell olaf. Gall y drydedd linell ddiweddu'n acennog neu'n ddiacen. Mae gwraidd y mesur yn ôl yng nghanu Llywarch Hen a chanu Heledd er mai englynion heb gynghanedd gyflawn ynddynt oedd y rheiny. Mae rhywbeth yn derfynol chwithig ynddynt a gallant gyfleu hiraeth a chwerwedd yn effeithiol. Mae enghraifft o ddefnydd da o gyfres ohonynt ar ddiwedd awdl 'Cwm Carnedd' gan y Prifardd Gwilym R. Tilsley. Dyma un:

> Yn y Foelas a'r Villa – onid oes
> Neb dyn a breswylia?
> 'Neb ond Saeson hinon ha.'

Englyn cil-dwrn
Caiff ei ddefnyddio'n effeithiol gan feirdd y Talwrn erbyn hyn i ddychan neu i greu doniolwch. Caiff ei lunio drwy ychwanegu llinell ddwy neu dair sillaf at doddaid byr. Nid oes cynghanedd yn y llinell olaf ond mae'r sillaf olaf yn cynnal prifodl yr englyn. Dyma enghraifft o englynion cil-dwrn o *Bigion Talwrn y Beirdd 5*:

> **Sgwrs rhwng dau yn y nefoedd**
> (Pedr yn cyhoeddi'r rheolau)
>
> 'Iaith y nef ar bob gwefus, adenydd
> amdanoch yn daclus . . .'
> - Wossis?!'

'Cut it out mate, thass Greek to me! – Come on,
communicate prop'ly . . . '
- Hegla hi!'

Ifor ap Glyn a Twm Morys (Beirdd y Byd)

Englyn unodl crwca
Cywydd deuair hirion a thoddaid byr yn cynnal un brifodl – h.y.
englyn arferol â'i din i fyny.

Englyn toddaid
Toddaid byr a thoddaid yn cynnal un brifodl

Gwawdodyn byr
Dwy linell o gyhydedd nawban a thoddaid yn cynnal un brifodl.

> Ni bu glerwyr yno heb glared,
> Ni buom nifer na baem yn yfed.
> Ni bu drai osai neu ddowsed, - na chêl,
> Ni bu nos uchel ar neb yn syched.
>
> *Dafydd Nanmor*

Gwawdodyn hir
Pedair llinell o gyhydedd nawban a thoddaid yn cynnal un
brifodl.

> Rhagor o orchest rhag yr iyrchod
> A ran i haeddu yw'r hen hyddod
> Ragor rhag adar ni bon parod
> Ar war yr orallt yw'r eryrod
> Ragorach cefn uwch bob cyfnod – sy fyw
> Y pena wyt o ryw fal punt i rod.
>
> *Wiliam Llŷn*

Gwawdodyn llosgyrnog

Yn ei gyfrol ragorol, *Y Cynganeddion Cymreig*, mae David Thomas yn diffinio cyfuniad o linellau nawban a chyhydedd hir ar yr un odl fel hyn, gan ei alw'n wawdodyn llosgyrnog:

> 'Canodd rhai o'r hen feirdd y Gwawdodyn mewn dull arall, sef cael y Gyhydedd Hir ar y diwedd wedi ei threfnu'n Llosgyrnog yn lle'n Doddaid. Dyma enghraifft:
>
> Tair lleng y deuthant, liant lestri, (9)
> Tair praff prif lynges i'w bres brofi, (9)
> Un o Iwerddon, (5)
> Arall arfogion (5)
> O'r Llychlynigion, llwrw hirion lli (9)
>
> *Gwalchmai ap Meilyr*'

Hir-a-thoddaid

Llinellau decsill (2 neu 4 fel rheol) a thoddaid yn cynnal un brifodl, gyda llinell olaf y toddaid yn ddecsill nid yn nawban y tro hwn.

> Tra fo gwaed sir tra fo gwŷdd a swch
> Tra fo dŵr na llynn tra fo deryn llwch
> Tra fo dur na fflad tra fo dewr na fflwch
> Tra fo mawl a chan tra fo mêl a chwch
> Tra fo mael a chael a chwiliwch – bob iaith
> Ai fath ynn eilwaith mwy fyth ni welwch.
>
> *Wiliam Llŷn*

Cywydd llosgyrnog

Dwy linell o gyhydedd fer gyda llinell seithsill wedi'i hychwanegu atynt. Mae diwedd y ddwy gyhydedd fer yn ffurfio rhagodl sy'n cael ei chynnal gan odl gyrch â gorffwysfa y drydedd linell. Diwedd y drydedd linell yw'r brifodl. Cynffon yw llosgwrn ac mae'r drydedd linell yn gynffon i'r llinellau o gyhydedd fer – er mai dwy o'r rheiny yw'r nifer arferol, mae enghreifftiau sy'n cynnwys tair neu bedair cyhydedd fer o flaen y gynffon ar gael. Fel arfer, mae'r llinellau hyn i gyd yn diweddu'n ddiacen, ond nid yw honno'n un o'r rheolau.

> Y mae goroff em a garaf
> o gof aelaw ag a folaf
> o choeliaf gael 'i chalon
> am na welais i mynn Elien
> o Lanerfyl i lyn Aerfen
> wawr mor wenn o'r morynion.

Dafydd ab Edmwnd

Mae amrywiadau ar y mesur yn caniatáu wyth sillaf yn y drydedd linell hefyd. Dyma enghraifft gan Dafydd Llwyd o Fathafarn:

> A bwrw y dreth a bair y drin,
> I drwsio gwŷr ar draws gwerin,
> I wlad y gwin, flodau gwynion.
>
> Gwelwch roi maes a gweilch o'r môr,
> Lliwio Temys, oerllyd dramor,
> A bwrw blaenor barabl union.

Clogyrnach

Dwy linell o gyhydedd fer a llinell un sillaf ar bymtheg o hyd yn diweddu â'r brifodl yw clogyrnach. Mae'r llinell olaf yn rhannu'n dair – pumsill, pumsill a chwesill gyda chynghanedd annibynnol ym mhob cymal a diwedd y ddau gymal pumsill yn ffurfio rhagodl sy'n cael eu hateb gan ddiwedd yr orffwysfa yn y cymal chwesill.

> Derw yw'r adail, doir i rodio,
> Deled Wynedd, daw Iâl dano,
> Dwyfil o dyfydd, difalch yw Dafydd,
> Dinegydd, dawn Iago.
> Du llawenddoeth, eb dwyll ynddo,
> Dau lawenydd a'i dilyno.
> Dewrwalch dioriog, dianair doniog,
> Dinerthog dyn wrtho.
>
> *Guto'r Glyn*

Cyrch-a-chwta
Chwe llinell seithsill a chwpled o awdl-gywydd yn cynnal yr un brifodl. Mae rhyddid i amrywio'r acennu fel y mynnir.

Cyfuno mesurau drwy brifodl
Mae'r hen feirdd yn dangos cryn ddyfeisgarwch weithiau wrth gyfuno mesurau. Dyma enghraifft o hynny mewn awdl gan Dafydd Nanmor – yma mae rhupunt byr, rhupunt hir a thoddaid wedi'u cydio wrth ei gilydd.

> Dy oed ond aeth
> A ro'r Gŵr aeth ar y wir Grog,
> A holl ffrwythau
> O'th dylwythau
> Wyt o lwythau pob taleithiog.
> Gwna d'isarn gadarn goedog – gan harcholl.
> Gwna pwys dy wayw oll gann pais dyllog.

Yn yr enghraifft ganlynol, gwelwn fod toddaid wedi'i ychwanegu at ddechrau gwawdodyn byr:

> Ac arfog filwyr ac erfyn – cadau
> a thariannau a pheisiau a ffyn,
> a Chaeo wenwlad, Duw'n ei chanlyn,
> a Chaeo a aeth heb ddim o chwyn,
> a Chaeo heb un brycheuyn – y sydd,
> fal y bydd gwinwydd neu ffrwyth gwenyn.

Lewys Glyn Cothi

* * *

Mae digon o awdlau yn y traddodiad yn cyfuno toddeidiau ar yr un brifodl. Ymestyn yr egwyddor honno at fesur y toddaid byr a wnaed yn yr enghraifft isod:

> Awn heibio'r beithon lonydd – yr eirth swrth
> a swil, y geifr mynydd
> diog a'r teigr diawydd, - madfall pren
> â'i ben ar obennydd
> a llewod mewn cyfarfodydd hirion,
> hirion, heb gadeirydd.

Yng nghystadleuaeth *Barddas* 2002 am gerddi ar fesurau newydd neu gyfuniadau newydd o fesurau, canodd Iwan Morgan fel hyn gan gyfuno toddaid byr, pennill o awdl-gywydd a llinell o rupunt hir ar yr un odl:

> Hyd lôn y glyn, dilyn yn glòs – wnawn ni,
>   Afon Nore yn agos;
> o hedd cwm, trwy strydoedd cul
> at ymyl pont Tre Tomos.
> Mae'n yr afon frithyll tewion
> yno'n heigio'n y cerigos:

Creu mesurau newydd ar hen egwyddorion
Mae mesurau tair llinell yn amlwg yng Nghanu Heledd a Chanu Llywarch Hen ac mae rhinwedd arbennig ynddynt.. Mae'r canu'n gryno yn y mesurau hyn fel rheol – pam trafferthu gyda phedair llinell os gellir dweud yr hyn sydd ei angen ei ddweud mewn tair? Os gellir cael englyn milwr ar linellau seithsill, pam na ellir ymestyn yr un egwyddor i'r llinell nawban?

> yntau ar y rhiwiau a thrwy'r rhyd
> yn rhydd i fynd ar drywydd ei fyd
> yn mynd, dal i fynd, yn fyw o hyd.

* * *

Mae dau fesur traddodiadol yn defnyddio proest – ond mae digon o bosibiliadau i ddefnyddio proest yn lle odl mewn mesurau eraill hefyd. Mae cyfatebiaeth broest ychydig yn annisgwyl ar ddiwedd llinellau – ychydig yn chwithig hefyd. Mae odl yn felys a hyfryd ar y glust, ond nid yw hynny'n addas i naws y farddoniaeth bob tro. Pam felly na allwn wneud fwy o ddefnydd o broest i gyfleu teimlad anesmwyth? Dyma enghraifft o gyhydedd nawban broest:

> Ond dwi ddim yn dda, dwi'n dda i ddim
> yn llesg fy nghefn, yn llusgo fy ngham
> a chrwydro cors ochor draw y cwm:
> yn gyfaddefiad nad hyn ydym.

* * *

Yn yr enghraifft isod, defnyddir proest yn hytrach nac odl yn y brifodl ar fesur cyhydedd hir:

> mynd i'r dde chwe cham,
> yna troi fel tram
> gyda fflam yn ei lygadau fflint;
> martsh anniddig, mud
> o fewn conglau'i fyd,
> 'nôl, 'mlaen o hyd, o hyd ar ei hynt...

* * *

Mae rhai mesurau rhyddion yn cadw tinc gref o gynghanedd ynddynt – yn arbennig yr hen fesurau rhyddion fel penillion telyn, tribannau a geiriau hen garolau. Bydd cynghanedd gyflawn (Sain, fel rheol) o fewn un llinell weithiau:

> Deffrown! deffrown! a rhown fawrhad
> Fe ganodd sêr er bore'r byd.

Dro arall, bydd y gynghanedd yn ymestyn dros sawl cymal o fydryddiaeth y garol blygain:

> Mewn dull fel dyn ac ar ein llun
> i'n gwir wellhau.

Mae'r cyffyrddiadau yn yr enghraifft uchod yn ein hatgoffa o batrwm y rhupunt byr – pedair sillaf ym mhob cymal; odl rhwng y ddau gymal cyntaf; cytseinedd rhwng y ddau gymal olaf. Dyma enghraifft arall o'r un garol:

> Bydd llon ein lle ar ei law dde
> pan ddêl ei ddydd.

Ymestyniad o'r egwyddor hon sydd yn y pennill hwn:

Cofio'r tywyllwch yn ysgwyd y cwch
a'r cwmwl yn cau,
y creigiau'n crynu
a'r storm yn tynnu ar wallt y tonnau
a chofio'r llinyn
sy'n ein dal yn dynn wrth yr allt denau
lle'r awn drwy dywydd yn gefn i'n gilydd,
gan gadw'r golau.

Yn hytrach na chadw at bedair sillaf i bob cymal (a all fod braidd yn gloff ar brydiau), mae'r pennill hwn yn cynnwys pumsill ymhob cymal, yn unol â'r drefn yn rhan gyntaf mesur cyhydedd hir. Mae'r brifodl yn cael ei chynnal drwy'r pennill ac yn aml drwy'r gerdd gyfan. Os oes angen enw ar y ffurf hon, beth am **cyhydedd blygain**?

* * *

Yng nghystadleuaeth *Barddas* 2002, creodd Tudur Dylan bennill cynganeddol newydd yn seiliedig ar yr englyn cyrch ond gan ailadrodd un o'r llinellau, gan ei chywasgu weithiau i lunio rhyw gynffon o bumed linell i'r mesur:

Yn nhir y gwynt yn Sir Gâr,
y tir hud lle try'r adar,
dôi ymysg y blodau mân
un gân, a'r bore'n gynnar
yn nhir y gwynt yn Sir Gâr ...

Hon, y ferch yn Llyn y Fan,
hon a geisiaist yn gusan,
hon yw'r un harddaf erioed
nes i oed droi yn sidan
i ferch o Lyn y Fan.

Ac yn dawel dychwelai,
eto i'r un tir yr âi,
i ddŵr coll holl ddoeau'r co'
fel haul heno, diflannai,
heno, diflannai.

Cyfuno mesurau drwy gystrawen

Nid oes rhaid cynnal y brifodl wrth gyfuno mesurau – gellir eu rhedeg i'w gilydd drwy oferu'r ystyr ac ymestyn cystrawen y frawddeg dros fwy nag un mesur mydryddol. Mae hyn eisoes wedi'i wneud yn ystwyth a llwyddiannus mewn penillion o gywydd ac o fewn yr englyn unodl union ac mae'n cynnig posibiliadau newydd o safbwynt odl, cynghanedd a rhythm llinellau.

Yn yr enghraifft isod, mae cywydd deuair hirion yn cael ei gyfuno ag englyn unodl crwca yn y pennill cyntaf; yn yr ail bennill mae hir-a-thoddaid crwca (wel, os gellir gwneud hynny i englyn, pam lai na chaiff yr hir-a-thoddaid yr un chwarae teg?) yn cael ei gyfuno â chywydd:

Tir mawn yn mynd tua'r môr
ydi afon. Mae Dwyfor
yn cario Dôl Ty Cerrig
a chaeau bach Braich y Big,
cwysi o ddŵr Llyn Cesig – yn un baich
dan bont Rhydybenllig.

Ar ei ben yr â dŵr y byd – i lawr
o Eryri fawr i draethau'r foryd:
mae'r gwely'n disgyn yn wyllt, i ysgwyd
hen greigiau yr allt yn gerrig y rhyd
yn nwndwr y dŵr, nes dod
yn y diwedd yn dywod.

* * *

Mae cyfuno mesur sydd â'i linell yn fer gyda mesur hwy o ran sillafau yn medru bod yn gymorth i gystrawen y frawddeg. Pedair sillaf sydd ym mhob llinell o gywydd deuair fyrion ac mae hynny'n naturiol yn gyffion ar y tafod. Mae rhinwedd farddonol fawr i linell fer, gywasgedig ei chystrawen weithiau ond mae angen lle i anadlu hefyd a dyma enghraifft o gyfuno'r deuair fyrion gyda'r deuair hirion bob yn ail er mwyn cael elfen o frathiad yn y dweud, heb golli'r cyfle i ymestyn y frawddeg ar yr un pryd:

> Mae'n bnawn grawnwin,
> haul gwydr, liw gwin
> yn llyfn a gwych, ond llafn gwyn
> o lwydrew 'mhob pelydryn.

> Haid o ddrudwy,
> plant gaea'r plwy
> yn hedeg yn gawodydd
> a throi i darth hwyr y dydd.

* * *

Englyn milwr a gwawdodyn sy'n cael eu cyfuno yn yr enghraifft isod:

> Minnau'n ddodrefn-aildrefnwr
> a gwibiog rwystr-ysgubwr;
> ydwyf soffa-symudwr
> o flaen ei drip. Ac ymhen tipyn
> daw hwn i sadio, a daw'n sydyn
> yn dad i'w dad; minnau â gwar dynn
> yn mynnu gweld fod y mannau gwyn
> tu cefn i bob dodrefnyn. Daw yntau
> i'm rhyddhau, ond nid mor hawdd â hyn.

Yng nghystadleuaeth *Barddas* 2002, cyfunodd Ifan Prys englyn cyrch ac englyn milwr i greu cyfres o benillion:

> Mynnais fod dyn y Manweb
> Yn rhoi yn ôl yn nhir neb
> Jiws i gnoi injis gwnïo –
> Y mae eto i ymateb.
> Diymateb fel tebot
> Yw y dyn â brên maint dot:
> Poerai frawddegau parot.

Mae'r posibiliadau'n ddiderfyn!

ATODIAD

Y Beiau Gwaharddedig

Yng nghorff y llyfr hwn, cyflwynwyd nifer o feiau gwaharddedig cerdd dafod — geiriau y mae rheolau caeth yn ein rhwystro rhag eu rhoi at ei gilydd o dan amodau arbennig gan fod hynny'n amharu ar y gynghanedd i'r glust. Dyma grynhoi'r prif bwyntiau i'ch atgoffa — mae triniaeth lawnach o rai ohonynt yn y gyfrol (gweler rhestr y cynnwys ar ei dechrau).

BEIAU WRTH ODLI
1. **Trwm ac ysgafn**
   Ni ellir odli llafariad fer (drom) gyda llafariad hir (ysgafn).
   e.e. nid yw **pren** a **gwên** yn odli

2. **Lleddf a thalgron**
Ni ellir odli **mwyn** gyda gwenwyn gan mai deusain lleddf sydd yn **mwyn** ond deusain **dalgron** sydd yn gwenwyn.

3. **Twyll odl**
Mae casgliad go helaeth o feiau wedi'u crynhoi o dan y teitl hwn — h.y. pob bai odli ar wahân i drwm ac ysgafn a lleddf a thalgron! Gall y twyll fod yn y llafariaid neu'r cytseiniaid e.e. odli **clai** gyda **cae**, **llan/cam**, **parabl/trwyadl** ac ati.

Mae rhai odlau 'tafodieithol' bellach yn ddigon derbyniol os oes naws lafar i'r mesur ac mae odli **y olau** ac **u** yn hollol esmwyth ar y glust. Mae cynsail gref hefyd i odli **i** gyda **y** glir pan fo honno mewn sillaf ddiacen e.e. pig/dychymyg.

4. **Gwestodl**
Ni chaniateir defnyddio'r un gair ddwywaith fel prifodl i wahanol linellau o fewn yr un pennill. Er hynny, mae'n bosibl defnyddio'r un gair deirgwaith yn yr un pennill!

BEIAU GYDA'R BRIFODL
1. **Gormod odlau**
Ni chaniateir i air acennog sy'n dwyn un o acenion y gynghanedd odli gyda phrifodl y llinell e.e.

        cynnil a fu yn can**u**

2. **Proest i'r odl**
Ni chaniateir proest rhwng yr orffwysfa a'r brifodl mewn cynghanedd Groes neu Draws Gytbwys e.e.

        gerllaw t**ân** y gŵr llwyd h**en** *(Dafydd ap Gwilym)*

3. **Dybryd Sain**
Dyma'r enw ar fai proest i'r odl mewn cynghanedd Sain e.e.

        cofnodi'r **gwir** a wna **gwŷr**

4. **Rhy debyg**
Mae'n fai bod yr union lafariaid yn cael eu hailadrodd yn nau sillaf olaf prifacenion diacen e.e.

        athrod/athro   llawer/llawen   rhyfedd/rhyfel

5. **Ymsathr Odlau**
Gwelsom oddi wrth astudio proest ei bod hi'n groes i'r rheolau i gael gorffwysfa sy'n proestio â phrifodl e.e gŵr/gêr. Yn fwy na hynny, mae'n cael ei gyfrif yn fai os bydd llafariad mewn un prifacen yn un fath ag ail elfen deusain yn y brifacen arall, pan fo'r cytseiniaid hefyd yr un fath â'i gilydd e.e.

        y gŵr o Gaerlleon gawr *(Simwnt Fychan)*

Ni cheir odl na phroest rhwng gŵr/gawr ond mae'r **ŵr** ar ddiwedd gŵr yn rhy debyg i'r -**wr** ar ddiwedd **gawr** i fod yn ddymunol i'r glust. Gelwir hyn yn **ymsathr odl** ac fe'i ceir gyda phob cyfuniad o ddeuseiniaid:

        gwêl/gwael   iawn/gwn   sêr/saer

Erbyn heddiw, fodd bynnag, ni thelir llawer o sylw i'r rheol hon.

6. **Hanner proest**
Lluniwyd rheol gamarweiniol yn ystod y ganrif ddiwethaf yn gwahardd 'proest' rhwng cytseiniaid olaf oedd yn **debyg** i'w gilydd e.e. **-t/-d; -th/-dd** ac **-ll/-l**. Ond nid cytseiniaid yn unig sy'n creu proest ac nid oes raid talu sylw i'r rheol hon erbyn heddiw.

BEIAU WRTH ATEB CYTSEINIAID

1. Twyll gynghanedd
Ni chaniateir gadael un gytsain heb ei hateb yng nghanol cyfatebiaeth cytseiniol e.e.

cawgiau/a chreithiau'r/frech wen *(anhysbys)*
chr: ch:

2. Camosodiad
Mae'n hawdd twyllo'r glust gyda rhai dilyniadau cytseiniol — mi wyddom i gyd am bobl sy'n dweud **befra** am **berfa, chwefrol** am **Chwefror** ac ati. Trawsnewidir **r/l** ac **n/m** yn aml yn yr iaith ac weithiau bydd y dilyniant wedi'i gamosod mewn cyfatebiaeth gytseiniol:

ag ar ôl trais galar trwm *(Tudur Aled)*
r l   l r

3. Crych a Llyfn
Ni chaniateir i un o brifacenion y llinell wahanu dilyniant o gytseiniaid mewn cynghanedd acennog e.e.

croes/corn
cr : (s)   c : r(n)

na chlymiad o gytseiniaid mewn cynghanedd ddiacen neu gynghanedd anghytbwys e.e.

pydru/pader

pâr/person

segur/sgwâr

4. Camacennu
Rhaid i'r cytseiniaid ddilyn yr un patrwm o gwmpas y prifacenion neu ceir cynghanedd wallus. Mae'r bai camacennu yn digwydd rhwng:

cymêr/camau   gweiddi/gweddïais   boliad/ebol

BEIAU MYDRYDDOL

1. Llysiant Llusg
Ni chaniateir defnyddio'r gynghanedd Lusg mewn ail linell cwpled o gywydd na llinell olaf englyn unodl union.

2. Camosodiad gorffwysfa
Mae rheolau caeth ynglŷn â pha mor bell y gellir cario'r orffwysfa mewn llinellau seithsill o gynganeddion Croes a Thraws:
    cytbwys acennog — ddim pellach na'r bedwaredd sillaf
    cytbwys ddiacen — yr acen drom ddim pellach na'r drydedd sillaf
    anghytbwys ddisgynedig — ddim pellach na'r drydedd sillaf
    mewn ail linell englyn unodl union — yr acen drom ddim pellach na'r drydedd sillaf

3. Carnymorddiwes
Mydr anesmwyth mewn englyn unodl union drwy roi prifodl ddiacen yn nwy linell olaf englyn yw **carnymorddiwes**. Dylai un llinell ddiweddu'n acennog a'r llall yn ddiacen. Gall ddigwydd mewn cywydd yn ogystal. Rhythm anwastad mewn carlam ceffyl yw carnymorddiwes yn wreiddiol.

4. Tin ab
Yr un bai ag uchod ond bod y ddwy linell yn diweddu'n acennog y tro hwn. Mae'n fwy na thebyg mai trwstaneiddiwch symudiad pen ôl epa a ysgogodd y term athrylithgar hwn!

5. Tor Mesur
Ni chaniateir rhoi mwy na llai o sillafau mewn llinell nag a nodir gan reolau'r mesur e.e. os byddai 8 neu 6 sillaf mewn llinell o gywydd, byddai'n wallus ac enw'r bai ar hynny yw **tor mesur**.

Atebion Ymarferiadau Gwers 1

1. a) c r t n; b) p r s; c) c r ff; ch) d dd d r; d) t n b d
2. a) trwm; b) ysgafn; c) ysgafn; ch) ysgafn; d) trwm; dd) ysgafn; e) trwm; f) trwm
3. a) 4; b) 1; c) 2; ch) 2; d) 3; dd) 2 [yngenir medd-dod heb gymryd sylw o'r w], e) 3; f) 2; ff) 2.
4. a) coch/carw; b) fara/felen; c) Caernarfon/cegog/Cymraeg; ch) cennin; d) bach; dd) gosod; e) pen-blwydd; f) Mai/mêl/Mehefin/Medi; ff) mawr; g) Ffrengig
6. a) har; b) medd; c) feydd; ch) hor; d) âu; dd) eb
9. a) ch)
10. a) c)
11. a) iii) b) ii) c) iii) ch) i) d) ii)

Atebion Ymarferiadau Gwers 2

1. cŵn d); lli c); poer c).
2. tail a); rhwyd ch); cloch c).
4. a) llwyn/llyn/llun; b) gwên/gwain/gwaun; c) nant/nyth/nain/nos a.y.b.; ch) ffrae/ffrâm/ffroen a.y.b.
5. oll/i; fyr/oes; wen/wŷr; ŷd/dôl; dawn/oedd; raeg/oedd.
7. pla b); stamp c); bref d).

Atebion Ymarferiadau Gwers 3

1. a) ganolgoll; b) wreiddgoll; c) ganolgoll; ch) ganolgoll; d) wreiddgoll.
2. a) ch b n; b) b r dd s; c) ll b; ch) th; d) n r b n
4. a) hepgor ateb y gytsain **h** yn hoff
   b) n wreiddgoll
   c) ateb dwy gytsain gydag un — 'hynny yn' (dwy gytsain n gan fod clymiad neu gytsain ddwbl yn cyfri fel un gytsain p'run bynnag yn ateb un **n** yn 'mewn'. Hepgorir ateb y gytsain h yn 'hynny' yn ogystal.
   ch) cywasgiad — 'troi i' yn cael ei ynganu fel 'troi'i'.
   d) clymiad — 'bwn na' yn rhoi un gytsain n. Atebir 'ff' gan 'ph' yn y llinell hon yn ogystal — mae hynny yn rhyw fath o oddefiad hefyd.
5. enghreifftiau:
   a) mewn ffair y mae un hoff iawn
      mewn ffair bydd menyw hoff iawn
      mewn ffair bydd barman hoff iawn

   b) yn y ffair gwnes amod ffôl
      yn y ffair dweud geiriau ffôl
      yn y ffair mae'r bechgyn ffôl

   c) wedi'r ffair, adre i'r fferm
      wedi'r ffair awn draw i'r fferm
      wedi'r ffair daw'r da i'r fferm

Atebion Ymarferiadau Gwers 4

1. b) c) d)
2. d) c) ch)
3. a) c) b)
4. b) d) c)
5. enghreifftiau:
   a) meysydd, maswedd, mêson, mwsogl, amhosibl
   b) geiriau, gyrru, gweiriog, gwrol, gwarrau
   c) mawredd, morwr, meiri, amharod, marw, marian
7. enghreifftiau:
   a) gariad, guriad, gyrri, Garwyn
   b) seren, sarrug, seiren, Sharon
   c) boenus, binacl, bwniad, baniwr
   ch) Heledd, Heulwen, Olwen, Elin
   d) Ddilys, Ddilwen, ddoli, ddeilen, ddyled
9. enghreifftiau:
   a) beiau, bawaidd, buan, buom
   b) Dewi, yn dawel, deuoedd, yn dywyll
   c) gaeaf, ei gaeau, gwywo, y gawod
10. a) Sycharth; b) Llinwent; c) Dinmael; ch) Wynedd; d) Llanrhaeadr; dd) Llandygwy; e) Betws; f) Is Aeron
11. a) Amwythig; b) Brestatun; c) Llaneurgain; ch) Lundain; dd) Meirionnydd; e) Benfro; f) Gwynedd
12. a) d; b) f; c) l; ch) g; d) d

Atebion Ymarferiadau Gwers 5

1. a) fedwen, ferch; b) fandal, law chwith; c) gwch/go neu dân/do a.y.b., farus/forwr/fwriad; ch) wallt/wynt/ddal/ddweud, gasgen
2. a) wirion, glaf; b) gorwedd, wyllt; c) gwyro; ch) ddeilen, hen; d) gorrach, yn fawr, yn fach
3. a) Duw a ŴYr/y daw :Erof
   a) D   r/ d   : r (f)

   b) cain ei ll:Un,/cannwyll :WYnedd
   b) c n   ll: n,/c nn ll :   n (dd)

   c) mae n:Os/am y Waun:Isaf
   c) m   n: s/ m   W n: s (f)

   ch) eryr :YW/ar wŷr :IEUanc
   ch) r r :   / r   r :   (nc)

   d) arian d:A/a wrand:EWir
   d) r n d: / r n d: (r)

   dd) hyd yn h:Yn/dyna'i h:Anes
   dd)   d n h: n/d n   h: n (s)

4. b) crymu, craeniau, coroni, crannog,
    a) trannoeth, triniaeth, tirionwch, trwynau
    b) pistyll, piston, postyn
    b) trywel, trawiad, troeon
    b) bryniau, bronau, braenu, brenin
5. a) un, oen, hwn, awn
    b) cyd, caed, cwd
    a) haid, oed, hyd, od
    a) sŵn, Siôn, Siân, sîn
6. a) Gwynedd; b) Tywyn; c) Uwch Aeron; ch) Waun; d) Eryri
7. a) Gae'r onnen; b) Lan-fair; c) Rhyd-y-foel; ch) Bencader; d) Landaf; dd) Lanrwst

Atebion Ymarferiadau Gwers 6

1. clên, hen, trên, siampên a.y.b.
2. coeden, plwm, sofren, awen, seren, mellten a.y.b.
5. a) rŵan, dŵad, canŵio, llwon,
    b) eofn, lleoedd, crëodd, rheol, heol, lleol
    c) mewian, tewion, glewion, rhewynt, distewi
    ch) crïo, trïo, Rhian, lliain
    d) lloaidd, trowynt, glowyr
    dd) llawen, llawer, trawiad, bawaidd, rhawiau, gwrandawiad, Llydaweg
6. a) aderyn; b) ddraenen; c) ddiddim; ch) pythefnos; d) aflonydd; dd) newydd.

Atebion Ymarferiadau Gwers 7

1. enghreifftiau:
    a) uffernol, lol, cemegol, trol, dyfodol
    b) 'Calon Lân', arian, tân, gwantan
    c) gwrthun, di-lun, deryn, pishyn
    ch) Anwen, clên, blonden, trên
    d) Mai, Menai, clai, efallai
    dd) pasiant, dant, mwyniant, tyfiant

2. enghreifftiau:
    a) reff, rheg, rhugl, rhain
    b) nos, niwl, nerth neu hwyl, haul, hwyr
    c) lli, llwyn, llyn, llanc
    ch) gwlad, gwlith, glyn, (ar) glawdd
    d) trahaus, trwst, trist, tranc
    dd) môr, mawn, meirch, mab

3. enghreifftiau:
   a) derwen hen er gwaetha'r haf
   b) mae'n ddrwg bod mwg ym mhob man
   c) tros ewyn i Lŷn ar long
   ch) tynnai y trai ar y traeth
   d) mae, ym mhob ffrae, ambell ffrind
   dd) mae helynt y gwynt mewn gwern

4. enghreifftiau:
   a) yw'r moelydd, yw'r miloedd,
   b) i wawrio, yw'r eira
   c) eu helynt, ac wylo
   ch) sy'n curo, yn cyrraedd
   d) yw'r llannerch, yw'r lleiniau,
   dd) yn gannoedd, a ganant, yn gynnes, ugeiniau

5. a) mur; b) gwên; c) llwyn; ch) dau; d) hwyl; dd) saer

6. a) fronfraith; b) Saeson; c) Bach; ch) ni; d) ben; dd) ewyn

Atebion Ymarferiadau Gwers 8

1. a) Sain Anghytbwys Ddyrchafedig; y gytsain **s** yn creu odl ar ddiwedd yr orodl a chysylltu â'r brifodl i ateb yr **s** gyntaf yn **santes**.
   b) Sain Gytbwys Acennog; **d** ar ddiwedd yr orodl.
   c) Sain Anghytbwys Ddisgynedig; **d** ar ddiwedd yr orodl.
   ch) Sain Gytbwys Ddiacen; **f** ar ddiwedd y rhagodl.
   d) Sain Anghytbwys Ddyrchafedig; **dd** ar ddechrau'r brifodl yn creu odl gudd drwy gysylltu â diwedd yr orodl a hefyd yn cytseinio â dechrau'r orodl.
   dd) Sain Gytbwys Ddiacen; dd ar ddiwedd

2. a) naw; b) rownd; c) lawer; ch) mae; d) ninnau; dd) dedwydd

4. a) ai dyma wlad y mêl aur?
   b) heddiw yw'r dydd i roi dawns
   c) hogyn drwg yn y dŵr oer
   ch) delfrydwyd ei lyfr hadau
   d) hwyl y garol a'i geiriau
   dd) diweled yw y waliau

5. a) n; b) s; c) m; ch) n; d) s

6. a) r; b) l; c) r; ch) r; d) l; dd) t

Atebion i Ymarferiadau Gwers 9

1. enghreifftiau:
   a) ceir hwyl ar y traethau   b) cawn drafod y gwyliau
   c) i'r tŷ y daeth hithau   ch) y tyfodd y goeden   d) arogl haf sydd imi
   dd) mae i'w glywed wanwyn.

2. a) ym Meirion amdano   b) am ŵr o Gasnewydd
   c) i danio'r dychymyg   ch) gyda'i dawn i'r swyddfa
   d) yw fy newyn innau   dd) sy'n gwanhau'r ewyllys

3. a) mewn llannerch yr hydref **neu** ym Mhen Llŷn bob gaeaf
   b) amdanom yn gwrlid **neu** mewn prynhawn o Ebrill
   c) a'r geni wna'r eira **neu** a'i gân inni eto
   ch) fydd yfory yma **neu** a fydd iddo yntau

4. a) Cynon;   b) Meirion;   c) Taf;   ch) ym Mhen Llyn;   d) Fôn;   dd) Fynwy;
   e) Ngwynedd

5. Dau faswr a dwy fusus, — dau gi hyll
      A dwy gath mewn creisus,
     Dau o'r fro a dwy ar frys,
     Dau afal a dwy wefus.

6. Mal blodau preniau ymhob rhith, — mal od,
      Mal adar ar wenith,
     Mal y daw y glaw a'r gwlith,
     Mae i undyn 'y mendith.

Atebion Ymarferiadau Gwers 10

2. Eurys a Dilys a Dylan, — Cenwyn,
      Cynog a Gwenllian,
     Rhys, Hywel, Euros, Iwan,
     Rhiannon, Samson a Siân.

3. enghreifftiau:
   a) Rhydian/Rhydwen/Rhoda;   b) Meirion/Miriam/Meri/Marian;
   c) Huw/Haf/Wil;   ch) Ceris/Carwyn/Carys/Carol

Atebion i Ymarferiadau Gwers 11

1. a) b & b = p; b) g & g = c; c) c = g & g; ch) d & d = t; d) g & g = c; dd) t = d & d
2. a) t & d = t; b) t & r = d rh; c) pr = brh; ch) d & d = d & h; d) cr = gr & h
3. a) e.e. gorwedd/gwirion/hon/hiraeth;   b) enllib;   c) teimlad;   ch) cic;
   d) delfryd;   dd) ceiniog
4. a) t;   b) t;   c) t;   ch) p;   d) t

W 891.661